2016 年度宁波市社会科学学术著作出版资助项目

集装箱海铁联运系统

理论与宁波实践

贺向阳　著

ZHEJIANG UNIVERSITY PRESS
浙江大学出版社

图书在版编目(CIP)数据

集装箱海铁联运系统理论与宁波实践 / 贺向阳著. —
杭州：浙江大学出版社，2016.10
ISBN 978-7-308-16134-3

Ⅰ.①集… Ⅱ.①贺… Ⅲ.①集装箱运输－水陆联运
－研究 Ⅳ.①U169

中国版本图书馆 CIP 数据核字(2016)第 193119 号

集装箱海铁联运系统理论与宁波实践

贺向阳 著

责任编辑	杨利军 沈巧华	
责任校对	丁沛岚	
封面设计	杭州林智广告有限公司	
出版发行	浙江大学出版社	
	（杭州市天目山路 148 号 邮政编码 310007）	
	（网址：http://www.zjupress.com）	
排 版	浙江时代出版服务有限公司	
印 刷	杭州日报报业集团盛元印务有限公司	
开 本	710mm×960mm 1/16	
印 张	13	
字 数	200 千	
版 印 次	2016 年 10 月第 1 版 2016 年 10 月第 1 次印刷	
书 号	ISBN 978-7-308-16134-3	
定 价	39.00 元	

FOREWORD 前 言

　　近 30 年来，在世界各国的共同努力下，经济全球化蓬勃发展，已对世界经济及各国经济产生了多方面的积极影响，呈现出不可逆转之势和充满乐观、积极的发展前景。经济全球化下资本、技术、商品、人员等要素的全球范围流动，推动了集装箱海铁联运的产生和发展，由国际大陆桥运输不断向国内海铁联运纵深方向延伸。

　　我国政府高度重视集装箱海铁联运在促进中国参与经济全球化发展的重要作用。2011 年 10 月，交通运输部、铁道部正式发布《交通运输部、铁道部关于加快铁水联运发展的指导意见》，推出了首批 6 个集装箱铁水联运通道示范项目，包括大连至东北地区，天津至华北、西北地区，青岛至郑州及陇海线沿线地区，连云港至阿拉山口沿线地区，宁波至华东地区，深圳至华南、西南地区。

　　尽管国际和国内对集装箱海铁联运发展高度重视，但相关的系统理论研究成果尚少。目前，国际集装箱多式联运相关的理论研究主要集中在海运和大陆桥运输上，对小陆桥的集装箱海铁联运研究较少。国内集装箱海铁联运的研究起步较晚，相关研究还主要集中在宏观层面，研究成果较为零散。集装箱海铁联运理论研究成果的缺失，带来实践操作上的误区和盲动。国内 6 个集装箱铁水联运通道示范项目实施以来，发展参差不齐。宁波港虽然起步较晚，但由于边研究、边实践，已成为 6 个项目中发展最快的一个。

　　本书作者首次尝试运用系统论观点,全方位、多视角地剖析集装箱海铁联运系统。本书在全面解构集装箱海铁联运系统的要素结构和功能特性基础上,研究了集装箱海铁联运系统与社会经济大系统间的相互作用机理,定量度量了集装箱海铁联运系统对社会经济大系统的促进作用。本书运用供需均衡理论,以宁波港为例,探讨了港口在不同运输方式和不同运输路径竞争下,如何划分集装箱海铁联运的市场腹地,并预测了宁波港集装箱海铁联运的市场份额;同时考察了系统要素变动和系统外部冲击对集装箱海铁联运系统的影响。本书实证分析了集装箱海铁联运系统的运营模式和运作流程,重点探讨了基于物联网技术和区域通关一体化改革下的流程优化;并分析比较了不同海铁联运企业合作形式对系统的影响,评估了宁波海铁联运政策的效果。

　　本书是作者对主持和参与的集装箱海铁联运系列研究成果的整理和提炼,也是宁波港集装箱海铁联运实践的经验总结。从 2009 年开展"宁波市海铁联运比较研究"以来,先后开展"宁波市'十二五'海铁联运发展规划研究""宁波市海铁联运综合试验区研究""宁波市海铁联运发展规划研究""宁波市海铁联运政策评估研究"等一系列课题;研究成果分别获得了 2011 年度宁波市科技进步奖三等奖、中国物流学会一等奖等多个奖项,研究成果被吸纳进 2010 年铁道部、宁波市政府共同签署的《关于加快推进宁波铁路建设的会议纪要》,2009 年中铁集装箱公司、上海铁路局、宁波市政府共同签署的《关于合作推进宁波集装箱海铁联运的会议纪要》《宁波市国民经济和社会发展第十二个五年规划纲要》,以及宁波市"十二五"综合交通规划和物流等。研究成果突破了长期以来宁波集装箱海铁联运停滞不前的困境,被政府认可、行业管理部门采纳和企业应用推广。

　　作者在本书的撰写中,重视理论与实践的结合,将数学模型与实践案例有机连接在一起。本书在理论上,可以填补当前对集装箱海铁联运研究的空白;在实践上,可以指导港口及相关企业开展集装箱海铁联运业务,以及为政府制定相关制度、政策提供参考。本书也可以作为交通运输和物流专业本科生和研究生的教材。

　　本书在撰写过程中，得到了中国铁路经济规划研究院、宁波港集团有限公司、宁波市交通运输委员会、公安海警学院等单位的积极帮助，作者所在单位宁波市现代物流规划研究院给予了大力支持。在此，作者对相关单位领导和有关人员一并表示衷心感谢。

　　由于作者的研究领域和学术水平有限，书中难免存在不足甚至错误的地方，欢迎各位读者批评指正。

作　者

宁波市现代物流规划研究院

2016 年 2 月

目 录
Contents

第一章

经济全球化下的国际大陆桥
集装箱海铁联运

≫ ≫ ≫　　≫

国际货币基金组织于 1997 年提出,经济全球化是通过贸易、资金流动、技术创新、信息网络和文化交流,使各国经济在世界范围内高度融合;各国经济通过不断增长的各类商品和劳务的广泛输送,以及国际资本的跨境流动和更快更广的技术传播,形成相互依赖关系[1]。经济全球化下资本、技术、商品、人员等要素的全球范围流动,推动了集装箱海铁联运的产生和发展,由国际大陆桥运输不断向国内海铁联运纵深方向延伸。

第一节　经济全球化与集装箱海铁联运

一、经济全球化的发展历程

经济全球化是历史范畴,在不同时代具有不同的历史特征。经济全球化最初发端于 15 世纪的地理大发现,随后历经了殖民主义早期、后期和第二次世界大战后到 21 世纪初期三个阶段,每个阶段都具有鲜明的时代特色。特别是第二次世界大战后到 21 世纪初期阶段,科技革命推动了生产力的快速提高和国际分工的不断深化,促进了生产国际化的扩大;贸易、投资和金融的国际化以及交通运输和通信技术的快捷与方便,增强了经济全球化的发展基础；跨国公司的迅猛发展，逐渐成为经济全球化的主导力量和主要载体。

经济全球化正对世界经济及各国经济产生多方面的积极影响。据世界银行集团（以下简称世行）统计，1980—2005 年，全球人均收入增长近 1倍；1990—2005 年，世界有 4.5 亿人摆脱绝对贫困状态；发达国家从经济全球化中获得丰厚利润，出口扩大，生产率提高，消费物价降低，民众生活水平提高。以美国为例，近几十年来，按 2003 年价格计算，经济全球化使美国每年 GDP 增加约 1 万亿美元，人均收入由 2800 美元增加至 5000 美元。贸易对经济增长的作用增大，美国进出口贸易占 GDP 比例从 1970年的 12％提高到 2005 年的 24％；近十多年来，出口对美国经济增长的贡献年均为 25％，支持美国国内 1200 万个就业机会。外国对美国直接投资每年为美国创造 600 万个就业机会。发展中国家通过参与经济全球化，获得了经济发展所需要的资金、技术、管理经验、市场、资源等，从而加快了经济增长步伐并提高了民众生活水平。据世行统计，发展中国家GDP 年均增长率从 1980—2000 年的 3.4％提高到 2005 年的 6.6％，其中东亚和南亚国家经济持续快速增长，GDP 年均增长分别从 8.5％、5.4％提高到 9％、8.1％。不少国家还利用经济全球化机遇提升产业水平和国际竞争力，成为世界重要技术产品出口国，其跨国公司也在包括发达国家在内的世界各国投资设厂。如 20 世纪 60 年代的韩国还是个穷国，参与经济全球化使其经济快速增长，目前韩国已进入工业发达国家行列[1]。

经济全球化已呈不可逆转之势，未来的发展前景总体是很乐观的。经济全球化发展客观上将继续带动全球经济增长，随着更多的国家加入经济全球化进程，全球经济将在更广阔的范围内实现优势互补和资源合理配置。近几十年来，贸易自由化持续发展，多边贸易谈判多次达成协议取得进展，较大幅度降低了关税和非关税壁垒。同时，越来越多的国家采取支持全球化发展的政策。2005 年世界贸易组织成员的总体平均关税水平为 6％，发达国家为 3％，发展中国家的平均关税从 20 世纪 80 年代的 30％降至目前的 10％；新兴市场经济体融入世界经济体系的直接结果是人口众多的东亚和南亚融入世界经济体系为经济全球化发展注入了新活力[2]。至 2015 年，世贸组织成员已达 160 多个。

二、集装箱海铁联运的发展历程

自第二次世界大战后,东亚地区陆续实行出口导向战略。先是日本从 20 世纪 50 年代中后期开始迅速崛起;进入 60 年代,亚洲"四小龙"中国香港、中国台湾、新加坡、韩国也开始转向出口导向战略,迅速发展为"新兴工业化经济体";70 年代以后,泰国、印度尼西亚、马来西亚和菲律宾也开始经济起飞,成为东亚"四小虎";80 年代以后,中国、越南等国的经济改革和对外开放政策使这一地区的外向度进一步提高。至此,"雁行模式"的东亚经济发展模式得到了巩固[2]。

北美和欧洲成为东亚重要的贸易伙伴。以美国为例,尽管 2001 年 IT 泡沫破灭后经济出现明显下滑,2007 年到 2008 年爆发的金融危机更是使得美国经济一蹶不振,严重影响了东亚与美国之间的贸易。但美国作为东亚地区最重要的贸易伙伴,在东亚对外贸易发展历程中起到突出的作用[3],如表 1-1 所示。

表 1-1　东亚与美国的贸易情况

地区	1980 年	1985 年	1990 年	1995 年	2000 年	2005 年	2010 年
该地区对美国的出口额占总出口额的比重(%)							
东北亚	23.57	36.21	29.97	25.67	28.29	22.79	17.08
东南亚	18.70	20.94	19.63	20.56	20.84	15.15	10.04
该地区来自美国的进口额占总进口额的比重(%)							
东北亚	17.36	16.81	19.64	17.71	15.16	9.88	8.71
东南亚	14.42	12.44	13.09	11.81	12.72	8.44	7.18

注:数据来自参考文献[2]。

贸易带动了物流运输的发展。随着铁路基础设施的完善和集装箱的出现,从集装箱首次应用在铁路运输上,到如今集装箱多式联运发展的热潮遍及全球,期间集装箱海铁联运的发展过程大致可以分为以下五个阶段:

(一)集装箱运输的萌芽期(19 世纪初至 1955 年)

早在 19 世纪初(1801 年),英国的詹姆斯·安德森(James Anderson)博士就提出将货物装入固定装载(集装)箱进行运输的构想。1845

年,英国铁路曾使用载货车厢相互交换的方式,视车厢为集装箱,使集装箱运输的构想得到初步应用。19世纪中叶,在英国的兰开夏郡已出现运输棉纱、棉布的一种带活动框架的载货工具,已经形成了现今集装箱的雏形。正式使用集装箱来运输货物则是在20世纪初期。1900年,英国铁路首次试行了集装箱运输,后来相继传到美国(1917年)、德国(1920年)、法国(1928年)及其他欧美国家[3]。

(二)集装箱海铁联运尝试期(1956—1972年)

20世纪60年代迎来了集装箱运输的第一次革命,即海运集装箱运输的产生与发展。这一时期集装箱运输的重大发展主要体现在被大规模地应用于海洋运输,海上集装箱运输日趋活跃,但是该时期主要还是以国内沿海运输为主,也有个别公司开始尝试海陆集装箱联运。1967年日本、韩国、东南亚与欧洲之间的海上集装箱运输,由于当年苏伊士运河的封闭断航和巴拿马运河的堵塞,船舶不得不改道绕航非洲好望角或南美洲,加上油价上涨,致使航程距离、运输时间和航运成本猛增。于是,从日本、韩国、东南亚港口至欧洲的货运,在1967年年底首次开辟使用了美国大陆桥运输路线,把原来全程海运改为海—陆—海运输方式,试办结果取得了较好的经济效果,达到了缩短运输里程、降低运输成本、加速货物运输的目的[4]。西伯利亚大陆桥是由苏联和日本发起的欧亚大陆桥,1967年试运行,其最初的东端起点为日本,西端终点为英国。1970年苏联与日本协商进一步推动西伯利亚大陆桥的发展,将其正式转入运营阶段。值得一提的是,在该时期,美国铁路针对公路运输的迅速发展相继采用了称为TOFC和COFC的驮背运输(piggy-back style)和箱驮运输(box-back style),即把集装箱半挂车或集装箱装到铁路平车上进行运输,为后续实现以集装箱为媒介的门到门运输奠定了基础。

(三)集装箱海铁联运发展期(1973—1978年)

20世纪70年代迎来了集装箱运输的第二次革命,即以集装箱为媒体的多式联运的产生与发展(陆—港—港—陆)。在这一阶段,集装箱运输由国内沿海运输迅速扩展到国际海运,各个港口开始注重进行港口的专项建设,修建专用的集装箱泊位,港口集疏运体系逐步形成,正式出现了铁路与海路的联运,同时还出现了集装箱多式联运经营人和国际货运代理人的联运服务。这一期间，东亚、东南亚、中东、西非、南非等地区相继实现件杂货集装箱化，在发达国家和这些地区的发展中国家之间开辟了许多新的集装箱运输航线，因此该时期也被称为南北航线集装箱化阶段。

（四）集装箱海铁联运内陆延伸期（1979—1989 年）

该时期件杂货运输很大程度上实现了集装箱化，国际集装箱运输在船舶和港口环节的发展已近完善，初步形成了枢纽港和以其为核心的辐射状支线运输体系。为了使集装箱从港口向内陆延伸，发达国家对内陆集疏运通道，特别是铁路、中转场站及相关车辆装备等进行了大规模的投资建设，基本上形成了适应需要并且现代化水平很高的配套体系。1980年 5 月，联合国通过了《联合国国际货物多式联运公约》，标志着多式联运体系在国际范围内的初步形成，海铁联运这种方式进入了普及和发展阶段。

（五）集装箱海铁联运成熟完善期（20 世纪 90 年代至今）

进入 20 世纪 90 年代以来，集装箱海铁联运不断发展成熟，并趋于完善。港口内陆集疏运网络及相关硬件配套设施已经相当发达。继而在海铁联运的经营管理方面，专用设施和设备发展改进方面，专门组织机构设置方面，逐步实现了专业化管理；通过统一管理规章、运输单证、运费率和规模标准，实现了正规化管理；通过广泛采用电子计算机及信息网络技术，建立管理信息系统，实现了现代化管理；通过在国内外广泛建立业务分支机构和业务代理机构，实现了联运的国际化。当前集装箱海铁联运正逐步向综合物流方向转变，国内物流和国外物流逐渐融为一体，进入了全球综合物流的新时期。

第二节　北美大陆桥集装箱海铁联运现状格局

大陆桥集装箱海铁联运是国际集装箱多式联运的一种特定形式，通过使用横贯大陆的铁路，将大陆一端或两端的海运紧密结合起来。目前，世界上比较著名的有北美大陆桥和欧亚大陆桥。

一、北美大陆桥海—铁—海联运形式

北美大陆桥是指利用横跨北美洲东西海岸的铁路网实现货物从日本、韩国、东南亚到欧洲的"海—铁—海"联运线路,如图 1-1 所示。

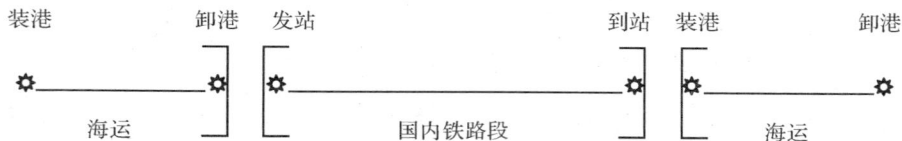

图 1-1　北美大陆桥海—铁—海联运

二、北美大陆桥运输线路

北美大陆桥是世界上历史悠久、影响大、服务范围广的陆桥运输线,主要包含美国大陆桥和加拿大大陆桥两条运输线路。

(一)美国大陆桥运输线路

美国大陆桥是世界上第一条大陆桥运输线,美国大陆桥有两条运输线路:一条是从西部太平洋沿岸至东部大西洋沿岸的铁路和公路运输线。其中旧金山至纽约的铁路全长 4500 公里,它西连太平洋,东接大西洋。通过美国大陆桥运输,与经巴拿马运河的远洋运输相比可省 5 天时间。另一条是从西部太平洋沿岸至东南部墨西哥湾沿岸的铁路和公路运输线。

(二)加拿大大陆桥运输线路

加拿大大陆桥于 1979 年开通使用,与美国大陆桥的情况基本相似,货物运输径路为:日本、韩国、东南亚—加拿大西海岸(温哥华)—加拿大东海岸(蒙特利尔)—欧洲。

(三)北美大陆桥运输的发展现状

北美大陆桥开办初期,由于其速度快、成本低的特点曾经吸引了不少货源。据统计,从日本、韩国、东南亚到北美东海岸的货物大约 50% 以上是采用双层列车进行运输的,通常比采用全程水运方式要快 1～2 周。例如,集装箱货从日本东京到欧洲鹿特丹港,采用全程水运(经巴拿马运河或苏伊士运河)通常约需 5～6 周,而采用北美大陆桥运输仅需 3 周左右。但是,由于美国东部港口和铁路货源过剩,运能有限,货物到后往往很难保证及时换装,从而抵消了大陆桥运输所带来的时间优势。同时,西伯利亚大陆桥的出现和发展,给北美大陆桥带来了很大冲击。

北美其他地区也开展了大陆桥运输。其中墨西哥大陆桥横跨特万特佩克地峡,连接太平洋沿岸的萨利纳克鲁斯港和墨西哥湾沿岸的夸察夸尔科斯港,陆上距离337公里,于1982年开始营运。

北美大陆桥运输系统的建立,给北美陆桥运输带来了新的发展,小陆桥和微陆桥运输逐渐呈现勃勃生机。微陆桥是从小陆桥派生出的运输方式,与小陆桥运输基本相似,部分使用了小陆桥运输线路,只是其交货地点在内陆地区,因此又称半陆桥运输。近年来,美国小陆桥和微陆桥运输主要吸引了来自日本、韩国、东南亚进出口至北美墨西哥湾及内陆的货物,运输时间和成本的优越性使北美小陆桥和微陆桥运输得到了快速发展。

三、主要港口集装箱海铁联运现状

(一)纽约—新泽西港集装箱海铁联运现状

纽约—新泽西港是位于美国纽约都会区的一座港口,也是美国东海岸最繁忙的港口,拥有多个自由贸易区。港口内陆腹地广阔,铁路集疏运网络相对比较发达,辐射贯穿于美国东西海岸线的各大城市,把东西海岸线的港口连接在一起。港区投资约6亿美元建设了快速铁路系统,主要集装箱码头都通达铁路,并建有专业化的铁路站场。拥有12个铁路车站,包括伊丽莎白、纽瓦克和斯塔顿岛三个快铁终点站。其中,伊丽莎白快铁站拥有18条轨道,正在使用的轨道长度超过13.4公里。由千年海上铁路公司(Millennium Marine Rail)负责运营。纽瓦克高铁站由CSX每日开行集装箱班列。CSX和诺福克南方铁路公司每日开行纽约—新泽西港至加拿大和美国中西部及以远的双层集装箱班列。

纽约—新泽西港通过改善多式联运铁路设施、修建海铁联运铁路和车站、加挂车皮大幅降低铁路疏运的成本等措施,提高了集装箱海铁联运竞争力。据统计,2008年至2013年,如果考虑2012年前后统计口径的差异,港口集装箱海铁联运量约占集装箱吞吐量的比重始终保持在8%左右,如表1-2所示。这期间中国始终是纽约—新泽西港进出口贸易的第一大伙伴。2013年,与中国的进出口贸易分别占纽约—新泽西贸易总额的 31.7％和 25.6％。

表 1-2 2008—2013 年纽约—新泽西港集装箱海铁联运运量

单位:TEU(标准箱,是集装箱运量统计单位)

指标	2008 年	2009 年	2010 年	2011 年	2012 年	2013 年
集装箱吞吐量	4165214	3638107	4097422	4304954	5529908	5467347
铁路集疏运箱量	377827	308131	376770	423051	433481	425784
比重(％)	9.07	8.47	9.19	9.83	7.84	7.79

注:集装箱吞吐量 2012 年前仅包含重箱,2012 年(含)后包含空、重箱;铁路集疏运箱量包含空、重箱。

(二)洛杉矶港集装箱海铁联运现状

洛杉矶港包括长滩和洛杉矶双子港,是美国 3 条横贯大陆的干线铁路起点,并通过南北向铁路与太平洋沿岸各大城市相连,承担了美国西海岸 70％的集装箱吞吐量。为将港区与多式联运站及国家铁路网连接起来,以增强集装箱货运能力和巩固美国国家经济基础,洛杉矶长滩港于 2002 年建成长达 32 公里的阿拉米达通道。阿拉米达通道由一系列桥梁、地下通道和高架道路组成,其中有长 16 公里的铁路位于地下 10 米深处,主要为避免列车通过时造成路面交通的等待和拥堵,可使铁路运输时间缩短到 40 分钟。2012 年 1 月,阿拉米达通道平均每天通过 41.9 列货运列车,运送 11957 个集装箱,年运量 400 多万 TEU[5]。根据项目计划,到 2020 年,每天将有 100 列货运列车通过该通道运行,将大大减少进入这一地区的货运卡车数量。

洛杉矶港区内铺设了大约 180 公里的铁路线,直接通到各主要集装箱码头,并拥有 1 个邻近码头的集装箱多式联运站。铁路装卸线位于码头泊位旁,集装箱从船上卸下后,无须经集卡中转,岸桥能够直接把集装箱装到专门的铁路集装箱列车上。通过著名的阿拉米达通道,运到市区的铁路货运中转站,再从那里连接到全美和北美大陆的铁路网中,5 天就能到达纽约,实现了海铁联运的无缝衔接。铁路还采用双层集装箱列车来提高运输效率,班列使用 4 辆机车,每列可装载 300TEU;洛杉矶港集装箱海铁联运比例为 24％,总量仍处于全球领先水平。

第三节 亚欧大陆桥集装箱海铁联运现状格局

一、亚欧大陆桥海—铁联运形式

亚欧大陆桥是指中国、日本、韩国及东南亚各国的货物经海运至俄罗斯或中国东部港口,再经跨越亚欧的俄罗斯西伯利亚铁路及亚欧各国互相衔接的铁路网运至欧洲的海—铁联运通道,如图 1-2 所示。

图 1-2 亚欧大陆桥海—铁联运示意图

二、亚欧大陆桥运输线路

目前亚欧大陆桥共有三条线路,其中西伯利亚大陆桥(第一亚欧大陆桥)和新亚欧大陆桥(第二亚欧大陆桥)已经正式运营,第三亚欧大陆桥尚在战略谋划中。战略构想中的第三亚欧大陆桥起点始于以深圳港为代表的广东沿海港口群,沿途由昆明经缅甸、孟加拉国、印度、巴基斯坦、伊朗,从土耳其进入欧洲,最终抵达荷兰鹿特丹港,横贯亚欧 20 多个国家,全长约 15000 公里,比目前经东南沿海通过马六甲海峡进入印度洋行程要短 3000 公里左右[6]。

(一)西伯利亚大陆桥运输线路

西伯利亚大陆桥运输路线为:日本、韩国、东南亚的货物经海运至俄罗斯纳霍德卡港或东方港,换装转运经西伯利亚铁路至莫斯科进行二次编组转运,方向一经布列斯特至西欧,方向二经圣彼得堡转海运至北欧,以及其他中亚、西亚各国。近年来,西伯利亚大陆桥在中国形成一条经二连浩特口岸出境的新支线,日本、韩国、东南亚的货物经海运至中国天津、营口、大连等港口,换装转运经铁路运至内蒙古二连浩特口岸,出境经蒙古、接俄罗斯西伯利亚铁路及欧洲各国铁路运至中欧、东欧、西欧各国目的地。

西伯利亚大陆桥运输线的经营者主要是日本、中国和欧洲各国的货运代理公司。其中，日本出口欧洲杂货的 1/3，欧洲出口亚洲杂货的 1/5 是经这条大陆桥运输的，现在全年货运量高达 10 万 TEU，最多时达 15 万 TEU，由此可见它在沟通亚欧大陆、促进国际贸易中所处的重要地位。

俄罗斯及沿桥各国高度重视西伯利亚大陆桥的常态化运营。1993 年，为了进一步提高西伯利亚大陆桥运量，保证大陆桥通道畅通，俄罗斯专门成立了"西伯利亚干线运输协调委员会"，目前拥有 115 个会员，包括学术机构、铁路公司、海关等不同代表，负责有关西伯利亚大陆桥的运价制定、协调管理、解决通道运输过程中出现的问题。2003 年，俄罗斯铁路改革正式启动，成立了俄罗斯铁路股份公司。经过 10 多年的改革，俄罗斯铁路基本实现了网运分离。目前除了俄铁股份公司的子公司第二货运公司、俄罗斯集装箱运输股份公司等外，还有大量的拥有自己车辆甚至机车的民营铁路公司从事货运业务。俄罗斯集装箱运输股份公司作为俄铁专业性集装箱运输的公司，拥有 47 个堆场，11 个海关监管仓库，约 2.4 万辆集装箱专用平板车和 5.9 万个 40 英尺（1 英尺＝0.3048 米）集装箱。针对西伯利亚大陆桥的发展，俄罗斯铁路在其《俄罗斯联邦铁路 2030 年运输发展战略》中确定，将不断加大西伯利亚大陆桥基础设施投资，加大沿桥货物集散枢纽建设，以及线路的扩能改造。

（二）新亚欧大陆桥运输线路

基于西伯利亚大陆桥运输的成功经验[7]，中国依托优越的地理位置和港口不封冻的条件，自 1990 年起与沿桥各国探讨协商开行穿越中国中部的新亚欧大陆桥，1992 年 12 月 1 日实现新亚欧大陆桥试运营；2003 年 4 月 22 日，开行了自连云港始发的首列新亚欧大陆桥示范性班列[5]。由我国发起的经阿拉山口出境的新亚欧大陆桥受到我国有关部门、沿桥各省和沿桥各国的重视。近年来相继开行了示范性班列，成立了相应组织机构，出台了相关政策，与沿桥各国共同协商解决大陆桥通道发展和运营中存在的问题。

新亚欧大陆桥运输路线为：日本、韩国、东南亚的货物经海运至中国连云港、日照等太平洋西岸沿海港口城市，换装转运经中国铁路运至新疆阿拉山口，出境经哈萨克斯坦、俄罗斯及欧亚各国铁路运至欧洲、中亚、西亚目的地。其中,中国连云港至荷兰鹿特丹铁路全长 10800 公里。

新亚欧大陆桥横贯亚欧的中国、俄罗斯、波兰、德国、荷兰,沿线辐射面积为 5071 万平方公里的 40 个国家和地区(占全球面积的 22% 和全球人口的 38%),影响着世界经济贸易格局,并对中国经济发展,尤其是中国西部地区经济的发展,具有重要的战略意义[8]。

(三)亚欧大陆桥中国集装箱班列运营现状

亚欧大陆桥中国集装箱班列经由东、中、西部三条国际大通道直达欧洲,其中西部通道经阿拉山口(霍尔果斯)出境,中部通道经二连浩特出境,东部通道经满洲里(绥芬河)出境。开通中欧班列的城市,除义乌和苏州外,其余如重庆、郑州、成都、合肥、武汉、长沙均居中西部地区。班列的开行,给了这些地区从闭塞腹地变身为中国开放前沿的机会[9]。

1. 渝新欧班列

渝新欧班列于 2011 年 7 月正式运营,自重庆团结村铁路集装箱中心站始发,经新疆阿拉山口出境,途经哈萨克斯坦、俄罗斯、白俄罗斯、波兰,最终抵达德国工业腹地鲁尔区重镇——杜伊斯堡,全程 11179 公里,运行时间 13 天。

2. 蓉欧班列

蓉欧班列于 2013 年 4 月正式运营,自成都青白江集装箱中心站出发,经宝鸡、兰州到新疆阿拉山口出境,途经哈萨克斯坦、俄罗斯、白俄罗斯等国直达波兰罗兹站,线路全长 9826 公里,其中成都至阿拉山口 3511 公里,阿拉山口至罗兹 6315 公里。

蓉欧班列最多的货物是电脑半成品,占总货物量的 17%,其次是机械类产品,占 12%,汽配产品占 9%,服装衣裤类占 7%,灯具类占 5%,鞋类占 5%,整体浴房和防盗类各占 1%。货物主要来自重庆、成都、广东、浙江、福建和上海等 6 个省市,其中重庆占 22%,而成都和广东并列第二,占比 18%,随后是浙江 11%、福建 5% 以及上海 4%。截至 2015 年 3 月月底,总计运行 82 个班次,商品货值达 6.3 亿美元。

3. 郑欧班列

郑欧班列于 2013 年 7 月正式运营,始于郑州,经新疆阿拉山口出境,途径哈萨克斯坦、俄罗斯、白俄罗斯和波兰后到达德国汉堡,全程 10214 公里,运行时间 15 天左右,比走海路到欧洲节省时间约 25 天。郑欧班列沿途经过 5 个国家,历经两次转关两次换轨。截至 2014 年年底,已累计开行 100 班次,其中去程班列 91 班,回程班列 9 班。

4. 天津至莫斯科班列

天津至莫斯科班列于 2011 年 10 月正式运营,从天津新港出发,经满洲里抵达莫斯科,线路全长 8647 公里,运行时间 15 天左右。

5. 其他中欧班列

(1)苏州至华沙班列。从苏州始发,由满洲里出境,途经俄罗斯、白俄罗斯至波兰华沙站,全程 11200 公里,运行时间约 15 天。

(2)武汉至捷克、波兰班列。从武汉吴家山站始发,经阿拉山口出境,途经哈萨克斯坦、俄罗斯、白俄罗斯到达波兰、捷克、斯洛伐克等国家的相关城市,全程 10700 公里左右,运行时间约 15 天。

(3)长沙至杜伊斯堡班列。从长沙霞凝货场始发,具体经由"一主两辅"运行路线。"一主"为长沙至德国杜伊斯堡,通过新疆阿拉山口出境,途经哈萨克斯坦、俄罗斯、白俄罗斯、波兰、德国,全程 11808 公里,运行时间 18 天。"两辅"一是经新疆霍尔果斯出境,最终抵达乌兹别克斯坦的塔什干,全程 6146 公里,运行时间 11 天;二是经二连浩特(或满洲里)出境后,到达俄罗斯莫斯科,全程 8047 公里(或 10090 公里),运行时间 13 天(或 15 天)。

(4)义乌至马德里班列。自义乌铁路西站始发,经由新疆阿拉山口出境,途经哈萨克斯坦、俄罗斯、白俄罗斯、波兰、德国、法国,最终到西班牙马德里,全程 13052 公里,运行时间约 21 天。

(5)合肥至波兰班列。自合肥北站启程,经由阿拉山口或霍尔果斯,途经中亚五国(哈萨克斯坦、乌兹别克斯坦、塔吉克斯坦、吉尔吉斯斯坦、土库曼斯坦),抵达俄罗斯、德国、波兰等欧洲国家,运行时间约 18 天。

亚欧大陆桥中国部分集装箱列车开通运营情况如表 1-3 所示。

表 1-3　亚欧大陆桥中国部分集装箱列车开通运营情况

班列名称	起点	终点	里程(公里)	时间(天)	开行周期	编组形式
渝新欧	重庆	杜伊斯堡	11179	13	2 班/周	班列
蓉欧	成都	罗兹	9826	12	1 班/周	班列
郑欧	郑州	汉堡	10214	15	1 班/周	班列

续表

班列名称	起点	终点	里程(公里)	时间(天)	开行周期	编组形式
中俄	天津	莫斯科	8647	15	—	班列
沪欧	上海	杜伊斯堡	—	25～30	—	普通混编
	上海	新西伯利亚	—	25～30	—	普通混编

三、亚欧大陆桥中国内陆过境口岸现状

(一)阿拉山口口岸

阿拉山口口岸位于新疆博尔塔拉蒙古自治州境内,是铁路、公路和原油管道运输并举的国家一类口岸,是与哈萨克斯坦接壤的新亚欧大陆桥中国段西部桥头堡。口岸行政管理区面积 155 平方公里,城市规划面积 42.5 平方公里,建成区面积 11 平方公里。2013 年,阿拉山口口岸全年过货量达 2983 万吨,已经成为西部最大的集公路、铁路、管道三种运输方式并举的陆路口岸和能源、资源安全大通道[10]。

铁路运输是阿拉山口口岸的主要国际联运方式,由发货站直接发运至阿拉山口铁路站场,后分两种方式出口至目的地。一是在阿拉山口进行换装至哈方车皮出口;二是通过准轨直接运至哈国多斯特克口岸进行换轮出口[11]。铁路口岸于 1991 年 7 月临时过货,1992 年 12 月 1 日正式宣布对第三国开放,最初设计年换装能力为 270 万吨,1991 年过货量 15.8 万吨,1995 年突破 100 万吨,2001 年突破 500 万吨。因过货量快速增长且突破设计能力,铁道部 2003 年投资 3.7 亿元对铁路车站进行扩能改造,铁路年换装能力于 2005 年达到 1300 万吨,同年 11 月,铁路口岸过货量突破 1000 万吨。

阿拉山口口岸已与新亚欧大陆桥东段的连云港、青岛、日照等港口签订战略合作协议,日本、韩国及东南亚国家经上述港口发运货物经阿拉山口口岸通关出境发往中亚五国、俄罗斯及东欧国家。由连云港、青岛、日照、天津等港口发出集装箱"五定班列"经阿拉山口口岸出至中亚五国、俄罗斯。目前口岸新建成亚洲最大的室内集装箱换装库,实现了全天候 24 小时换装,年换装能力达到 20 万 TEU。口岸地平线石油液化气储运专用线、瑞晨铁路专用线、胜利金属铁路专用线为阿拉山口现代物流业提

供了良好的基础平台。

(二)霍尔果斯口岸

霍尔果斯口岸位于新疆伊犁哈萨克自治州,地处欧亚经济板块的中心位置、国道 312 线(上海—霍尔果斯口岸)最西端,陇海—兰新铁路国际新通道最西端,是中国西部到中亚中心城市运距最短、综合运量最大的国家一类公路口岸。随着 2012 年中哈第二条铁路开通,中亚天然气管道 B、C 线实现通气,以及伊宁机场建设,霍尔果斯已经成为集公路、铁路、航空、管道"四位一体"的国际综合交通枢纽[12]。

霍尔果斯口岸 4.85 平方公里区域是国务院批准的边境互市贸易区。口岸拥有国际物流中心、边民互市及国际会展中心;从事仓储物流的大型企业有 13 家,物流仓储面积达到 63 万平方米;从事涉外服务的企业 10 余家,货物托运单位 100 余家。每天有 4～5 列火车从霍尔果斯口岸驶出,驶向哈萨克斯坦等中亚国家,而国外的棉花、铁精粉、葵花籽等大宗物资也大批量从铁路口岸入境。截至 2014 年年底,霍尔果斯口岸向中亚及欧洲市场经铁路进出口货物量达 169.44 万吨。

(三)满洲里口岸

满洲里口岸位于内蒙古呼伦贝尔大草原西部,处于中、俄、蒙三角地带,北接俄罗斯,西邻蒙古国,是中国通往俄罗斯等独联体国家和欧洲各国重要的国际大通道。满洲里口岸承担着中俄贸易 65% 以上的货运量,是中国最大的边境陆路口岸和国家对俄罗斯进口能源战略物资的重要口岸[13]。

满洲里口岸,现有铁路宽准轨到发编组线 51 条,其中宽轨 24 条,准轨 27 条;口岸站换装线、专用线等线路 90 余条;宽轨列车会让站 1 个;换装场地 20 余个,其中设施完善、功能齐全的大型或专业换装仓储基地 11 个。1999 年至 2007 年,满洲里铁路口岸进行应急改造和扩容扩能改造工程,增加、改造了多条线路,新建了集装箱、原油等专业换装场,新建木材熏蒸场、落地及换装场、国内货场;改造准轨东场、宽轨到发场等。改造后的宽轨站存车能力为 2087 车,准轨站存车能力为 2347 车,换运能力达到 3000 万吨。

满洲里口岸铁路进口货物主要品类有木材、原油、化工、纸类、化肥、铁矿砂、合成橡胶等。铁路出口货物以轻工产品、机电产品、矿产品、石油焦、食品、建材等为主。目前,满洲里口岸每周都有 4 至 5 列中欧班列沿着古老的西伯利亚大铁路一路向北,深入欧洲腹地。出境班列的起点涵盖了西南(渝满俄)、华南(粤满俄、湘满欧、汉满俄)、华东(苏满欧)、东北(营满欧、哈满俄)等多条路线,已逐步实现与环渤海、长三角、珠三角地区铁路或陆海联运跨省运输的常态化,基本上形成互联全中国的便捷高效通道。2014 年,经过满洲里口岸的中欧国际集装箱出境班列 350 列、28166TEU,货运量 14.96 万吨,货值 141.34 亿元人民币。

(四)二连浩特口岸

二连浩特口岸位于内蒙古自治区锡林郭勒盟西部,与蒙古国最大的陆路口岸扎门乌德口岸隔界相望,是中国对蒙开放的最大公路、铁路口岸,也是欧亚大路桥中的重要战略枢纽。2014 年 6 月 5 日,国务院同意在二连浩特市设立国家重点开发开放试验区。

二连浩特公路向南经 208 国道与呼包、京藏高速相连,向东经二满公路与锡林浩特相接,向北通往蒙古国扎门乌德市。铁路集(宁)二(连浩特)线,连通京包、京山线,与蒙古、独联体及东西欧各国的铁路连成一座欧亚铁路大陆桥。以北京为起点,经二连浩特到莫斯科,比经满洲里口岸的滨洲线短 1140 公里。特别是通过京包、京山线与天津港相连的这条线,是日本、东南亚及其他邻国开展对蒙古、俄罗斯及东欧各国转口贸易的理想通道,更是蒙古国走向出海口的唯一通道。

二连浩特公路口岸有联检楼、海关特检区货检大楼、货运报关楼、边检营房以及相配套的口岸监管等设施,占地面积 34.3 万平方米,最大货运吞吐量 240 万吨/年、客运量 300 万人/年。新联检区设有四进四出八个通道,北出口与蒙古国边境相接,南出口经市区与 208 国道相连。铁路口岸于 2004 年扩容扩能改造后,口岸换装能力达到 1000 万吨。2014年,铁路口岸进出口货物完成 1052.2 万吨,同比增长 3.6%。其中,进口货物 902.6 万吨,同比增长 3.8%;出口货物 149.6 万吨,同比增长 2.7%。

2013 年主要内陆口岸过货量如表 1-4 所示。

表 1-4　2013 年主要内陆口岸过货量

单位:万吨

内陆口岸	进出口总量	铁路进口		铁路出口		路集装箱量（TEU）
		进口量	占比（%）	出口量	占比（%）	
满洲里	3006	1745.0	58.1	1139.3	37.9	63557
二连浩特	1305	869.6	66.6	145.6	11.2	—
阿拉山口	2983	1226.3	41.1	548.6	18.4	—
霍尔果斯	2269	655.0	28.9	158.6	7.0	—

四、欧洲港口集装箱海铁联运现状

(一)汉堡港

汉堡港占地 7200 公顷,约占汉堡市面积的 1/10,是欧洲第一、全球第二的铁路运输港,欧洲第二大集装箱港,连通 178 个国家 950 个港口,其中国是汉堡进出口集装箱作业的第一大伙伴[14]。

汉堡港是欧洲最重要的中转海港之一,长距离运输基本依靠铁路,是欧洲最大的铁路集装箱转运中心。港口铁路轨道长度约 304 公里,其中 110 公里是电气化铁路,包括 880 个地热式铁轨加热点。港口内有 3 个铁路场站,在 Maschen 地区建有约 1 万车/天的大型编组站;铁路几乎通达每个码头,直接延伸至码头后方堆场,最长装卸线长 700 米,并拥有全世界最先进的全自动控制装卸系统。超过 110 家铁路公司运营港口铁路运输网络,每天大约有 200 列货运列车进出港口,港口铁路年均货运量约 4000 万吨。

汉堡港多年来致力于改善提高港口海铁联运服务,不断加强与码头配套的铁路基础设施建设;成立专门部门负责港区铁路车站、线路的建设和运营;建设 EDI(电子数据交换)中心,连接了海关、铁路、港口、货代、码头等 200 多家用户,采集各种业务信息,能够处理 200 多种格式的电子单证。2008 年至 2013 年,港口集装箱海铁联运量约占集装箱吞吐量的 22%左右。2013 年,港口集装箱海铁联运量为 210 万 TEU,占港口内陆集装箱 540 万 TEU 的 39%。

2008—2013 年汉堡港集装箱海铁联运量如表 1-5 所示。

表 1-5 2008—2013 年汉堡港集装箱海铁联运量

单位:百万 TEU

指标	2008 年	2009 年	2010 年	2011 年	2012 年	2013 年
集装箱吞吐量	9.7	7.0	7.9	9.0	8.9	9.3
铁路集疏运箱量	1.9	1.6	1.9	2.1	2.0	2.1
比重(%)	19.6	22.9	24.1	23.3	22.5	22.6

注:数据来自汉堡港。

（二）鹿特丹港

鹿特丹港是欧洲最大的集装箱港口,拥有广阔的内陆腹地。港口和工业区总面积为 10.5 万公顷,纵深沿着 Nieuwe Waterweg 运河从市区到 Maasvlakte 的长度约为 40 公里。港口铁路顺岸布置串联起沿岸各码头,可以直接实现船舶与火车换装作业,中间不需要短驳运输环节[15]。

港区建有两个集装箱中转站,集装箱可从鹿特丹港运达欧洲主要国家。鹿特丹港(35%股权)还与 ProRail 铁路公司(50%股权)、阿姆斯丹港(15%股权)三方共同投资组建了 Keyrail 铁路公司,负责特许经营 Maasvlakte 至德国边境 Zevenaar 的约 160 公里的货运线路。港口每天有多列集装箱班列发往欧洲各地,火车的装、卸效率达到每小时 50TEU,运输时间由于距离的差异而不同:到达比利时及德国只需 12 小时,而运至捷克、意大利和波兰则需要 48 小时。

2011 年至 2014 年,鹿特丹港内陆集装箱海铁联运的比例始终保持在 10%以上,箱量基本维持在 80 多万 TEU 水平,总量和比例都要远低于汉堡港。其中,2011 年鹿特丹港内陆集装箱海铁联运比例最高达到 11.4%,如表 1-6 所示。

表 1-6   2011—2014 年鹿特丹港内陆集装箱分方式集疏运量

单位:百万 TEU

指标	2011 年		2012 年		2013 年		2014 年	
	数量	比重(%)	数量	比重(%)	数量	比重(%)	数量	比重(%)
集装箱吞吐量	11.88	—	11.87	—	11.62	—	12.30	—
其中:内陆集装箱吞吐量	7.16	100.0	7.40	100.0	7.40	100.0	7.98	100.0
铁路集疏运	0.82	11.4	0.79	10.7	0.79	10.7	0.87	10.9
公路集疏运	3.95	55.2	4.00	54.0	4.04	54.6	4.26	53.4
驳船集疏运	2.39	33.4	2.61	35.3	2.57	34.7	2.85	35.7

注:2011 年统计口径发生变化。

第二章

国内集装箱海铁联运
发展和经验借鉴

> > > >

2011年10月,交通运输部和铁道部正式发布《交通运输部、铁道部关于加快铁水联运发展的指导意见》,提出到2015年,集装箱铁水联运量年均增长20%以上,港口煤炭、矿石、粮食、化肥等大宗散货铁路集疏运比重比2010年提高10个百分点;并推出了首批6个集装箱铁水联运通道示范项目,包括大连至东北地区,天津至华北、西北地区,青岛至郑州及陇海线沿线地区,连云港至阿拉山口沿线地区,宁波至华东地区,深圳至华南、西南地区[16]。

第一节　六大集装箱海铁联运示范通道现状

根据国外经验,铁路集装箱运量与港口集装箱吞吐量的比例关系是表征一个国家、一个港口集装箱海铁联运发展水平的重要指标。2010年,全国规模以上港口集装箱吞吐量为14571万TEU(含重箱9360万TEU、空箱5211万TEU),其中沿海港口为13112万TEU(含重箱8465万TEU、空箱4647万TEU),铁路集装箱运量425万TEU[①],其中港口

---

① 铁路集装箱运输仅计重箱。

站为 164 万 TEU。由此可得铁路集装箱运输与港口的各比例关系如下：

（1）铁路集装箱运量与全国港口集装箱吞吐量之比，仅为港口的 2.92%，重箱比为 4.54%。

（2）铁路集装箱运量与沿海港口集装箱吞吐量之比，仅为港口的 3.24%，重箱比为 5.02%。

（3）铁路港口站集装箱运量与沿海港口集装箱吞吐量之比，仅为港口的 1.25%，重箱比为 1.94%。

到 2013 年，我国沿海主要港口集装箱海铁联运得到了较快发展，比重有所上升，如表 2-1 所示。

表 2-1　沿海主要港口集装箱海铁联运发展趋势

单位：万 TEU

港口	2013 年		2009 年		增长率（%）
	海铁联运箱量	占集装箱吞吐量比重（%）	海铁联运箱量	占集装箱吞吐量比重（%）	
大连港	29.00	2.93	23.34	5.13	24.25
天津港	26.90	2.07	13.74	1.58	95.78
青岛港	10.95	0.71	8.28	0.81	32.25
连云港港	25.70	4.68	12.30	4.06	108.94
宁波港	10.50	0.63	0.17	0.02	6076.47
深圳港	14.49	0.62	8.34	0.46	73.74
营口港	28.05	5.29	18.62	7.33	50.64
上海港	8.59	0.26	8.47	0.34	1.42
厦门港	1.43	0.18	2.03	0.43	−29.56
广州港	1.94	0.13	2.72	0.24	−28.68

注：数据来自各地统计局统计公报。

一、大连至东北地区集装箱海铁联运现状

大连港铁路基础设施较为完善，拥有大窑湾铁路中心站，办理站位于集装箱码头后方堆场，采用"港前站"模式，到港集装箱可直接装卸船（车），实现海铁联运无缝衔接。保税区丛家屯建有铁路集装箱中心站，距

金州火车站约 20 公里。中心站分南北两区,占地面积 110 万平方米,投资总额为 7.12 亿元,到发列车的能力和大连火车站相当,最短 10 分钟一趟[17]。

大连港集装箱海铁联运的发展过程,可以说是班列运作模式和港铁合作模式不断创新的过程。2000 年,大连港与沈阳铁路局合作,率先推出了公共班列经营人模式;2002 年,大连港采取包租的模式运作哈尔滨班列,吸引大型物流、航运企业参与分包,共同拓展内陆市场;2006 年,大连港与中铁集公司合作,投资建造 150 辆集装箱专用平车正式投入到哈尔滨等线路上运营,保障了班列运力和运输效率,提高了班列与其他运输方式的竞争力;2007 年,大连港又与中铁集公司共同投资成立了大连中铁联合国际集装箱有限公司,确立了大连、沈阳、哈尔滨东北 3 个铁路中心站一体化建设和运营的模式,拉开了大连港与中铁集合作全面提升东北海铁联运体系的序幕[18]。在国家"一带一路"战略出台后,以大连港为起点的"辽满欧"海铁联运通道,成为辽宁省建设的重点任务。

目前,大连港已开通了大连到哈尔滨、长春东、长春南、沈阳东、延吉、通辽、满洲里、大庆、德惠和齐齐哈尔 10 条集装箱班列和大连到吉林西、五棵树、绥芬河、鹤岗 4 条固定循环车组班列。如表 2-2 所示。其中,大连至沈阳、长春、双辽集装箱班列实现客车化运营,班期密度达到每周 30 余班,初步构建了以大连港为出海口,大连、沈阳和哈尔滨 3 个集装箱场站为中心,沈阳、满洲里、长春东、吉林西、齐齐哈尔、牡丹江和绥芬河等 7 个二级枢纽站为重点,穆棱、德惠、通辽和辉南等 4 个专业场站为延伸,布局较为完善的东北区域海铁联运网络。2008 年大连港口集装箱海铁联运量 40 万 TEU,占全港集装箱总吞吐量的 8.9%;2013 年完成海铁联运量 29 万 TEU,连续多年位居国内沿海港口首位[4]。

表 2-2　大连港集装箱班列主要线路

序号	线路	运营周期	铁路里程(公里)	运行时间
1	(大连)大窑湾—香坊(哈尔滨)	3 班/周	911	16~17 小时
2	(大连)大窑湾—长春南	3 班/周	704	12~16 小时
3	(大连)大窑湾—长春东	1 班/2 天	737	13 小时
4	大连—延吉	1 班/2 天	1176	38 小时

续表

序号	线路	运营周期	铁路里程（公里）	运行时间
5	大连—沈阳东	6 班/周	394	7~10 小时
6	大连—通辽	—	714	3 天
7	大连—满洲里	—	1804	4 天
8	大连—大庆	—	1105	20 小时
9	大连—德惠	—	781	—
10	大连—齐齐哈尔	4 班/周	1157	—
11	（大连）大窑湾—吉林西	1/3 天	822	22 小时
12	（大连）大窑湾—五棵树	1/3 天	834	19 小时
13	大连—绥芬河	1/3 天	933	10 小时
14	大连—鹤岗	1/3 天	1521	20 小时

注：数据来自大连市港口与口岸局。

二、天津至华北、西北地区集装箱海铁联运现状

天津港在北京朝阳、平谷，河北石家庄、保定、邯郸、张家口、邢台、唐山、衡水和胜芳建立了 10 个内陆无水港，已有 8 个投入使用，构建起服务京、津、冀地区的内陆物流网络[19]。港区内设有新港铁路办理站，通过进港二线与新港编组场、塘沽站连接，站内建有通达一公司、二公司、四公司、五公司的铁路专用线。港口集装箱海铁联运采取"货代全程组织"运作方式，由船公司船代或第三方货代为主体，通过货代联系船公司、港口、铁路等承运方和海关三检等监管方，具体串接组织海运集装箱的铁路集疏运业务，为货主提供全程集装箱海铁联运服务。

2009 年，天津港正式启动首个海铁联运班列全程物流示范项目，用于天津港至临河的点对点钟摆式铁路运输，解决铁路运输瓶颈问题。目前，全港共开行通往阿拉山口、二连浩特、满洲里、包头东方向等的 6 条集装箱班列。在推动落实"一带一路"国家战略中，天津港计划与北京铁路局密切合作，加快建设通达北疆、南疆、南港、临港和新港北 5 个货运港区的铁路；加密增开到阿拉山口、二连浩特和满洲里方向的海铁联运集装箱过境班列，大力发展国际联运业务；积极开行京津冀地区货物快运列车，办

理零散货物的快运业务。2013 年,天津港集装箱海铁联运量为 26.9 万 TEU,占年集装箱吞吐量 1301.2 万 TEU 的 2.07%。

三、青岛至郑州及陇海线沿线地区集装箱海铁联运现状

青岛港集装箱码头主要集中在前湾港区和老港区,铁路基础设施较为完善。前湾港区拥有两股各 1050 米的集装箱铁路专用线,通过胶黄线联通全国铁路运输网,并且黄岛铁路办理站位于港区码头前沿,可实现海铁无缝衔接。老港区拥有合计长度约 11000 米的铁路装卸专用线 18 条,可直达码头前沿,日装车能力达 300 辆以上;专用线通过胶济线联通全国铁路运输网。2010 年,位于胶州站北侧的青岛铁路集装箱中心站建成运营,通过胶黄线通达前湾港区,通过胶济线通达老港区。

青岛港海铁联运始于 1994 年,2000 年率先开行至郑州、西安、成都、太原等地的"五定班列",从开始的每周 1 班,发展到现在的每天 1 班或每天至少 1.5 班;2002 年,开发建设黄岛,并将前湾港区作为海铁联运集装箱专用码头;2007 年,试点开通了青岛—郑州双层集装箱班列,成为我国第一条有双层集装箱班列的集装箱铁水联运线路。目前,青岛港已开通至郑州、西安、成都、太原、兰州、运城、阿拉山口、新疆等地海铁联运"五定班列"线路,其中,国际过境集装箱班列基本上每天 1 班。2012 年青岛港海铁联运集装箱运量 23.7 万 TEU,占全港集装箱总吞吐量的 1.63%;2013 年海铁联运量 10.95 万 TEU,占全港集装箱总吞吐量的 0.71%,如表 2-3 所示。

表 2-3　青岛港口集装箱海铁联运量

单位:万 TEU

年份	集装箱吞吐量	海铁联运箱量	占比(%)
2007	946.6	13.98	1.48
2008	1037.7	14.83	1.43
2009	1027.6	15.55	1.51
2010	1201.0	17.58	1.46
2011	1302.0	20.16	1.55
2012	1450.0	23.70	1.63
2013	1552.0	10.95	0.71

注:数据来自青岛口岸局。

四、连云港至阿拉山口沿线地区集装箱海铁联运现状

连云港港口拥有总延长 69.5 公里的铁路专用线和 28.73 公里的装卸线,其中集装箱码头拥有 3 股集装箱装卸线,每股容车 32 辆并可同时作业。连云港港口 2007 年起先后完成东陇海铁路电气化改造和 1050 站场改造,具备了接发 5000 吨大列的条件。中云物流园、中外运仓库等园区拥有集装箱装卸铁路专用线,占地面积约 19.5 公顷的庙岭集装箱铁路办理场站已经建成使用。港口集装箱海铁联运采用港口组织货源、铁路组织车皮、双方在港区铁路站联合办公进行协调的运作方式。

连云港依托新亚欧大陆桥,在青海西宁,山西侯马,河南洛阳,陕西西安,宁夏银川,苏北淮安、宿迁、新沂等地设立无水港,先后开通了连云港至阿拉山口、霍尔果斯、西宁、侯马、无锡、郑州、西安、成都、银川的国内班列以及至阿拉木图、莫斯科的国际班列,实现了集装箱"五定班列"与美西、地中海、东南亚、日本、韩国等的集装箱班轮航线的有效衔接[20]。其中至阿拉山口、郑州、西宁的 3 条通道、往返 6 条班列运行规模效益较好,已列入全国客车化模式运营管理的 35 条集装箱班列中。2006 年,连云港集装箱海铁联运量首次突破 6 万 TEU;2008 年,完成 14 万 TEU,占全港集装箱总吞吐量的 4.7%;2012 年,完成 30.3 万 TEU,其中新亚欧大陆桥过境箱 7.8 万 TEU,连云港港口集装箱海铁联运总量及过境箱量连续多年位居沿海港口前列。

五、深圳至华南、西南地区集装箱海铁联运现状

深圳盐田港区通过平盐铁路与国铁干线相连,平盐铁路现由香港和记黄埔港口集团控股和经营,但平盐铁路不能直达港区码头,需要公路短驳。港口集装箱海铁联运由盐田国际集装箱码头公司牵头组织,采用港口组织货源、铁路组织车皮、平盐铁路公司负责具体操作的运作方式。盐田国际集装箱码头公司组织起需要用海铁联运方式进出盐田港区的集装箱后,由平盐铁路公司向广深铁路公司申请车皮计划。铁路部门批准车皮计划后,向平湖南编组站送出车皮,经平盐铁路到达盐田站后,在盐田站与港口方面进行车皮交接。

深圳港自 2003 年开始开展海铁联运工作,陆续在长沙、株洲、东莞大朗、昆明、韶关以及湖南醴陵等地建立 6 个内陆港货站和无水港。盐田港

区已经开辟了广东、湖南、江西等 6 大区域集装箱海铁联运业务，包括深圳到重庆、韶关、常平、长沙、成都、昆明、武汉和贵阳等 15 条铁水联运线路。10 年间，深圳港口集装箱海铁联运总量由 2003 年的 0.9 万 TEU 增至 2014 年的 17.21 万 TEU，年平均增幅约为 14%[21]。

深圳港集装箱海铁联运比例仍处于较低水平，2014 年海铁联运箱量仅占全港集装箱吞吐量的 0.7%。盐田港集团计划发挥作为华南地区枢纽港的国际航线优势，打造跨境海铁联运接驳服务的核心节点，在平盐铁路"深圳—重庆"等核心班列的基础上，通过"渝新欧"跨境大通道，实现"深圳—重庆"与"重庆—新疆—荷兰鹿特丹、比利时安特卫普、德国杜伊斯堡、俄罗斯莫斯科和哈萨克斯坦阿拉布图等地"的无缝衔接。

六、宁波至华东地区集装箱海铁联运现状

在长三角区域海港中，宁波港口海铁联运设施条件具有比较优势，铁路直通北仑和镇海港区。北仑港站现有 3 条作业股道，龙门吊跨线装卸，年作业能力达 20 万 TEU 以上；2015 年新铺设一条股道，进一步提升列车装卸作业能力。镇海港区专用铁路作业站完成了改造升级，目前作业股道 3 条，龙门吊跨线装卸，其中两条可满足整趟班列作业要求。

（一）宁波港口集装箱海铁联运发展历程

宁波港口集装箱海铁联运起步于 2009 年，如图 2-1 所示，在交通运输部、铁路总公司、地方政府、口岸单位以及船公司、客户等各方面的重视、关心和支持下，海铁联运业务量得以快速增长。2014 年，集装箱海铁

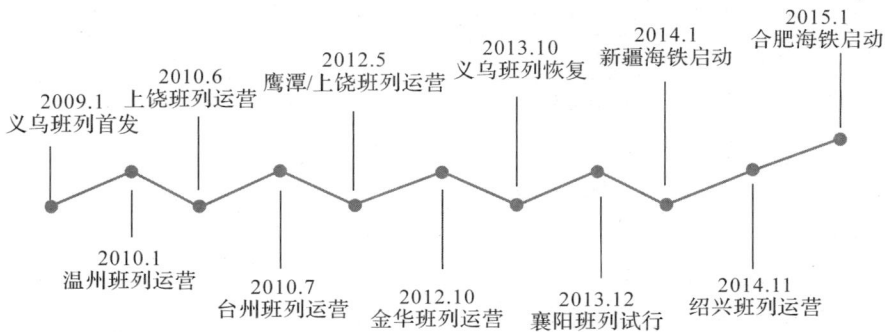

图 2-1　宁波港口集装箱海铁联运发展历程

注：信息来自汇编整理。

联运运量 13.5 万 TEU,约为 2009 年 1690TEU 的 80 倍;集装箱海铁联运运量占集装箱吞吐量的比例由 2009 年的 0.02% 增长到 0.72%,增长了 35 倍,如表 2-4 所示。

表 2-4　宁波港口集装箱海铁联运量

单位:万 TEU

年份	集装箱吞吐量	海铁联运箱量	占比(%)
2009	1042.3	0.17	0.02
2010	1300.2	2.81	0.22
2011	1451.0	4.67	0.32
2012	1567.1	5.95	0.38
2013	1677.4	10.50	0.63
2014	1870.0	13.50	0.72

注:数据来自宁波统计局。

(二)宁波港口集装箱海铁联运主要线路

截至 2015 年 1 月,宁波港口开通内陆集装箱海铁联运城市 15 个,正常运行的海铁联运班列线路 10 条,如表 2-5 所示。其中"五定班列"线路 6 条,直达列车线路 4 条。

表 2-5　宁波港口集装箱海铁联运主要线路

序号	线路	运营方式	铁路里程(公里)	运行时间	备注
1	绍兴/钱清	班列	138	5 小时	
2	金华/义乌	班列	363	8 小时	
3	台州	班列	197	6 小时	
4	衢州/上铺	成组运输	442	24 小时	
5	鹰潭/上饶	班列	671	17 小时	
6	合肥	班列	692	16 小时	
7	襄阳	班列	1359	4 天	
8	西安/兰州	成组运输	2393	4~5 天	
9	成都	成组运输	2692	5 天	
10	新疆	班列/成组	4220	9~10 天	乌北站

注:数据来自宁波港集团。

（三）宁波发展港口集装箱海铁联运主要做法

宁波自 2009 年发展港口集装箱海铁联运以来，经过 5 年多时间的努力，已步入"上级推动、地方主动、铁路互动、内陆联动、企业行动"的良性轨道。主要做法如下：

（1）建立组织机构。2009 年 5 月，宁波市政府建立了由市长担任总召集人、约 20 个成员单位参加的海铁联运发展联席会议制度，并将宁波市海铁联运办公室（简称市海铁办）设在宁波市交通运输委员会（简称市交通委）。2013 年 2 月，经宁波市委、市政府批准，市海铁办新增设专职副主任（副局长级）1 名，兼职副主任 5 名，以加强组织领导和重大事项协调。

（2）加强部门合作。2009 年 11 月，宁波市政府与上海铁路局、中铁集装箱运输有限责任公司、中铁联合国际集装箱有限公司签署了《关于合作推进宁波集装箱海铁联运的会议纪要》。同时组织铁路、港口、海关、国检等部门与腹地城市对口部门签署合作协议，为改善通关环境，开展海铁联运创造了便利条件；2013 年 4 月，宁波市交通委与宁波出入境检验检疫局、宁波海事局签署合作备忘录，确定将建立联席合作机制，在发展多式联运等方面建立更加紧密的合作关系[22]。

（3）加强市场开发。宁波港口在浙江省市场的基础上，以江西市场为重点，主动加强合作，陆续开发了至湖北襄阳、成都、西安、省内衢州、金华等地的海铁联运业务。努力吸引企业参与，已有宁波港国际物流有限公司、宁波港铁路有限公司、浙江铁达物流有限公司、兴通物流、铃与物流、东南物流等一大批物流经营主体参与宁波海铁联运；与腹地城市合作，努力推进海铁联运，目前已有衢州、台州、义乌等多个腹地城市开始对海铁联运实施补贴。

（4）加快创新模式。在铁路运输组织上，运力配置采取了直达列车与"五定班列"等多种运输方式；运价形成了"铁路下浮一点、地方补贴一点、企业分担一点"的合作机制；信息传递上稳步推进"国家集装箱海铁联运物联网应用（宁波港）示范工程"，港口企业组织下属的信通公司、北仑港站、集运公司等相关单位，制定了海铁联运箱转码头的纸面单证简化流程，通过系统进行处理、审核、流转的单证。在口岸通关转关上，宁波海关联手宁波港开启了海铁联运箱"批量中转"模式，创新了外贸集装箱经宁波港至西北内陆的"一票制"服务。

（5）强化规划研究。在市海铁办组织下，原铁道部、宁波市现代物流规划研究院共同研究完成了"宁波市海铁联运综合试验区研究""宁波市海铁联运比较研究""宁波市海铁联运发展规划研究"等重大课题，编制了全国第一个地级市海铁联运发展专项规划，并于2014年制定发布了全国首个地方性的海铁联运发展规划。

（6）加大扶持引导。2009年4月，市海铁办会同市财政局等单位专题研究后，由市政府出台了海铁联运扶持政策，每年安排专项补助资金。2012年2月和2015年3月，连续两次对扶持政策进行了及时修订调整。

第二节　国内外港口集装箱海铁联运发展经验启示

一、良好的交通区位和广阔的内陆腹地是海铁联运线路布局的基础

1934年，德国学者高兹应用韦伯工业区位论的思想和方法，在《海港区位论》中提出，以总体费用最小原则求出海港选址的最优区位，认为海港区位主要由腹地的发展所决定。交通运输规划理论的四阶段法认为，在交通网络条件下进行运输方式的选择和线路流量的分配，更具有科学合理性。

（一）良好的交通区位是提升海铁联运方式竞争力的地理优势

港口集装箱海铁联运的线路布局，必须综合考虑交通网络条件下的不同运输方式的竞争。从交通区位上看，鹿特丹港、汉堡港和安特卫普港位于欧洲西部北海海岸，均处在河海交汇处的三角洲上，港口后方铁路网络较为密集；纽约—新泽西港和洛杉矶港分别位于美国的东、西海岸，具有重要的战略性地理位置，相比于经由巴拿马运河的东、西海岸海上运输，大陆桥运输更具有时间优势和目的地灵活选择的优势。我国国内大连、青岛和连云港濒临日本、韩国，靠近国际主航线和欧亚大陆桥，而且内陆腹地内没有可以选择的江海等水路运输方式，与公路运输相比，海铁联运优势明显。

（二）广阔的内陆腹地贸易需求是开展海铁联运的经济基础

货源的流向流量决定着海铁联运线路的走向，特别是一些高附加值货物和快销品的流向流量。换言之，海铁联运线路必须随着货源市场的变化而变化。从内陆腹地经济来看，欧美是世界最发达的经济体，在欧洲经济一体化的背景下，欧洲的三大主要集装箱港口共享整个欧洲广阔的腹地，既是欧洲商品集散中心，又是世界货运体系的重要枢纽之一。国内东北地区有大量的内贸货物需要输运到南方，而河南、陕西、山西等地有许多工业品和农产品需要出口到北美地区。

二、完善的铁路运输网络和有效的运营组织是海铁联运效率提升的关键

不论是国际大陆桥的汉堡港、洛杉矶港、纽约—新泽西港，还是国内铁水联运示范通道的大连港、青岛港，其集装箱海铁联运运营成功的关键，就在于铁路运输和海运基础设施与运营模式的有机协调统一。

（一）完善的铁路运输网络是开展海铁联运的基础设施

市场永远是需求与供给共同作用的结果，海铁联运也遵循这一定律。铁路运输作为海铁联运重要的组成环节，如果没有完善的网络支撑，即使内陆城市有海铁联运运输需求，也无法实现。铁路运输网络由港口铁路集疏运网络和港口城市与内陆城市间的铁路运输网络两部分组成。港口附近建有铁路集装箱中心站，铁路线路铺设进港区，甚至到码头；港口城市铁路枢纽站有机对接港区铁路和国家铁路网，使港口铁路成为整个铁路运输网络的重要组成部分。这样集装箱不用出港区，就可以卸下船舶并装上火车或卸下火车并装上船舶。

（二）有效的运营组织是提升海铁联运效率的重要保障

运输成本和运输时间是衡量海铁联运效率的关键性指标。只有通过科学、合理、高效的运营组织，才能实现海铁联运适宜的运输成本和较低的运输时间目标。运营组织包括海铁联运运营模式、运作流程、协同机制等方面内容。运营组织水平的高低，集中体现了集装箱海铁联运系统运营的总产出，全面衡量了船公司、铁路运输公司、港口经营人、货运代理公司和集卡车队各自使用资源的能力和相互间协同作业的水平。

（三）一体化的信息服务是提升海铁联运效率的主要举措

加强海铁联运的信息化建设，推动不同运输环节、不同企业主体和不同管理部门间的信息互联互通，通过实时掌握托运货物的具体位置信息，不断提高各联运部门之间的协调沟通，对提高货物中转和业务办理效率至关重要。欧盟在 2001 年交通白皮书的中期修订和 2011 年的最新白皮书中，分别提出"推动先进的 IT 技术开发来促进铁路的智能货运"和"在 2020 年之前建立欧盟多式联运的管理和支付信息系统的框架体系"；在 2007 年的物流运输行动计划中，欧盟也高度重视电子货运和智能交通系统在多式联运方面的应用。

三、配套的技术标准和制度支持是海铁联运可持续发展的保障

（一）全面推广国际技术标准是实现海铁联运可持续发展的根本保障

没有基础设施、运输装备和物流信息的国际标准化保障，集装箱海铁联运的线路覆盖范围和运输市场规模难以保持可持续增长趋势。以亚欧大陆桥的铁路轨距为例，由于宽轨与标准轨距的差异，造成了铁路换轨作业环节的增加及相应的作业成本和时间的上升。欧盟主要国家都已建立了以集装箱为标准运载单元的外贸多式联运体系和以厢式半挂车、高腿箱为标准运载单元的内贸多式联运体系，各种运载单元所依据的技术标准统一规范。加拿大由于推行国际标准化成功地降低了海铁联运成本，铁路、港口、集卡、仓储设备及配送中心等设施围绕国际集装箱运输标准，形成与之匹配的设备标准体系，满足了装卸运输的高效快捷性对各类机械装备的要求。

（二）健全的综合交通管理体制机制是发展海铁联运的制度保证

海铁联运是作为一个完整的运输服务链提供给使用者的，必须保证每个环节的服务质量，以及不同环节之间的有效衔接。海铁联运政策往往会涉及多种运输方式、多个利益主体，甚至需要部分既得利益的转移和削减才能成功实施。只有完善和健全综合交通管理体制机制，才能在制度上规范海铁联运各企业主体的权利和责任。在欧盟及各成员国的综合交通管理体制下，每种运输方式都是交通总系统中的一个子系统，有助于各种运输方式之间的协调合作，降低全社会的运输总成本，提高多式联运服务水平。欧盟的交通白皮书明确提出要发挥各种运输方式的技术经济

优势,鼓励中长距离货运向铁路运输和沿海运输转移,这些具体要求在综合交通管理体制下得到了较好的执行。

(三)政策扶持是政府初期培育海铁联运市场的主要手段

世界发达国家都把推进海铁联运发展作为减少交通运输行业碳排放的重要举措。欧盟在 1992 年建立了通用准则的指令,并于 2006 年进行了修订,要求成员国对联合运输的始末端运输提供税费优惠和资金补贴;而马可波罗计划则更直接地对从公路转移至铁路和水路运输的项目进行资金补助,促进运输方式转移;德国鼓励铁路和水路运输,对公路运输的超长、超重货物进行了严格限制。这些税费优惠等政策降低了多式联运使用者的运输成本,促进了铁路和水路运输的使用。美国于 1991 年颁布了《多式联运与运输效率法》,进一步放松运输市场管制政策,推动多式联运系统建设,从而形成一批有质量、有规模、守规则的市场主体,先进的多式联运技术和装备得到广泛应用,运输效率大幅提高。国内 2011 年 3月,《中华人民共和国国民经济和社会发展第十二个五年规划纲要》指出:"推进货物多式联运,大力发展节能环保的运输工具和运输方式";2011年 9 月,交通运输部和铁道部联合颁布了《交通运输部、铁道部关于加快铁水联运发展的指导意见》,浙江宁波至华东地区集装箱海铁联动通道成为全国 6 个集装箱铁水联运通道示范项目之一;2012 年,国家发改委、财政部等部门联合发文,宁波港海铁联运物联网应用示范工程被列为国家物联网重大应用示范工程;2013 年,党的十八届三中全会在构建开放型经济新体制中提出"扩大内陆沿边开放",以及"支持内陆城市增开国际客货运航线,发展多式联运,形成横贯东中西、联结南北方对外经济走廊"。

国内主要港口城市积极推动当地海铁联运的发展,除了企业推荐和政府帮助宣传和协调区域、部门关系以外,各地还出台资金补贴政策,鼓励海铁联运的发展。其中,宁波市政府于 2009 年制定了《关于加快宁波港海铁联运发展若干扶持政策的意见》,并于 2012 年进行了优化调整;2015 年再次印发了《关于进一步加快宁波市海铁联运发展财政扶持政策的实施办法》,持续加大对集装箱海铁联运的资金补助力度。从表 2-6 中可以看出,政策支持力度大的,海铁联运发展就比较好,特别在市场发展初期,政策效果尤为明显[23]。

表 2-6　主要港口海铁联运政策情况

港口城市	政策补贴	补贴对象	补贴标准	补贴期限	补贴效果
大连	有	港务集团	500 万元/年	较长时期	良好
青岛	无	无	无	无	无
上海	无	无	无	无	无
广州	无	无	无	无	无
深圳	有	实际经营人	300 至 500 元/TEU	3 年	一般
宁波	有	实际经营人	300 至 1000 元/TEU	9 年	良好
安特卫普	有	港口	30 万欧元/年	较长时期	良好

注:数据来自汇编整理。

第三章

集装箱海铁联运系统认识

> > > >

交通运输本身是一个系统工程。张国伍在《交通运输系统分析》一书中，按照不同的运输方式，将交通运输分为区域交通、铁路交通、水路交通、公路交通、航空交通、管道交通以及城市交通7个子系统，完整地介绍了交通运输系统分析的八个基本理论，即交通运输需求与供给理论、交通运输网络系统分析理论、交通运输通道系统分析、交通运输枢纽系统分析、交通运输安全系统分析、交通运输组织与管理、交通运输经济系统分析、交通运输系统评价与决策[24]。集装箱多式联运作为交通运输的一种特定形式，除了具有交通运输系统的一般特征，更具有综合运输的特点。

第一节　集装箱海铁联运的概念

一、海铁联运系统性概念

《联合国国际货物多式联运公约》对国际多式联运定义为：国际多式联运（international multimodal transport）是指按照多式联运合同，以至少两种不同的运输方式，由多式联运经营人将货物从一国境内接管货物的地点运至另一国境内指定交货地点[25]。2001年，联合国欧洲经济委员会和欧盟委员会以及欧洲交通部长会议，对多式联运的三种表达形式给予了统一的界定：多模式运输（multimodal transport），是指运用两种或两种以上运输方式的货物运输；多式联运（intermodal transport），是指使用同一运输单元或公、铁两用车辆，运用两种或以上运输方式且在不同运输方式换装时不对货物操作的货物运输[26]；综合运输（combined transport），是多式联运在欧洲的一种具体表现形式，即绝大部分运输通过铁路、内河、海路来完成，而最初和最后一公里及尽可能短的距离由公路来完成的多式联运。

有的学者认为，海铁联运是进出口货物由铁路运到沿海海港，再直接由船舶运出，或者货物由船舶运到沿海海港之后由铁路运出的只需"一次申报、一次查验、一次放行"就可完成整个运输过程的一种先进的综合运输方式[27]。

从更普遍的意义上讲，集装箱海铁联运，是以集装箱为运输单元，将铁路、水路两种不同的运输方式有机结合在一起，通过一次托运、一次计费、一张单证、一次保险，由各运输区段的承运人共同完成货物运输为目标的经济活动[28]。它是多式联运的一种主要模式，是在全球经济一体化背景下集装箱运输发展到较高级阶段的必然选择。按照托运货物的内外贸性质来分，集装箱海铁联运可以分为国际集装箱海铁联运和内贸集装箱海铁联运两种形式。

从概念定义上可以看出，集装箱海铁联运本身就是一个涉及不同区域、不同部门、不同主体和不同运输方式的系统工程，如图 3-1 和图 3-2 所示。

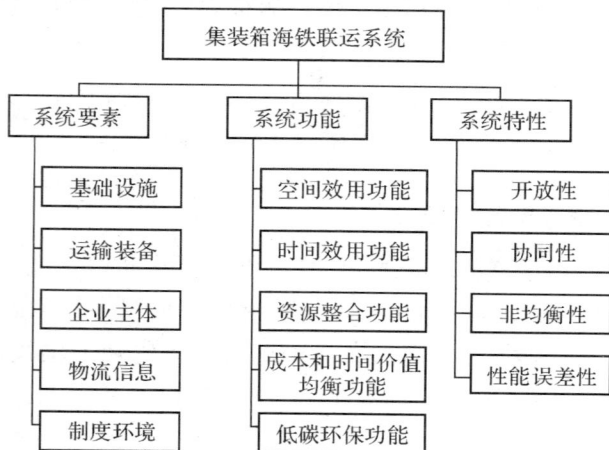

图 3-1　集装箱海铁联运系统结构

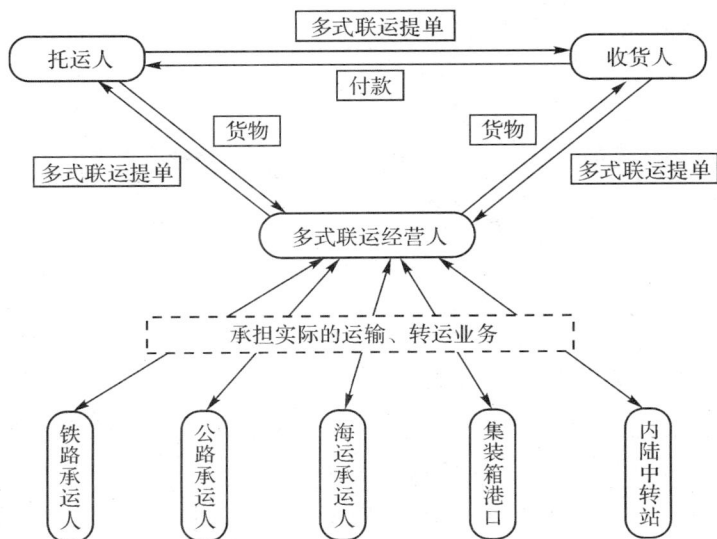

图 3-2　集装箱海铁联运系统的主体关系

二、海铁联运与江海联运和公路运输的组成环节比较

本小节通过对目前长三角港口群三种集装箱多式联运方式的运输环节分解,进一步印证了集装箱海铁联运系统结构的复杂性。

（一）海铁联运的环节组成

海铁联运有铁路直通港区和非直通港区两种形式,铁路非直通港区形式由图 3-3 中的 1、2、3 环节组成;直通港区形式由 1、4 环节组成。环节 1 表示集卡由发站集装箱堆场(CY)提取空箱,运抵工厂或集装箱货运站(CFS)装箱后,再返回发站集装箱堆场的流程,包括两次装卸和一次往返运输过程。环节 2 表示重箱由火车从发站 CY 运抵到站 CY 的过程。环节 3 表示重箱由集卡从到站 CY 运抵上海洋山港或其他海港 CY 的过程,包括一次装卸和单程运输过程。环节 4 表示重箱由火车从发站 CY 直接运抵海港 CY 的过程。

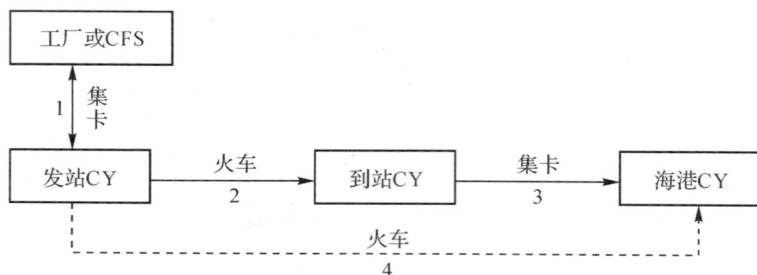

图 3-3　海铁联运的环节组成

（二）江海联运的环节组成

江海联运有江海水水中转和江海直达两种形式。江海水水中转由图 3-4 中的 1、2、3 环节组成，江海直达由图 3-3 中的 1、4 环节组成。环节 1 同海铁联运的环节 1。环节 2 表示重箱由江船从起运港 CY 运抵长江水水中转港 CY 的过程。环节 3 表示重箱由海船从长江水水中转港 CY 运抵洋山港或其他海港 CY 的过程。环节 4 表示重箱由江海直达船从起运港 CY 直接运抵洋山港或其他海港 CY 的过程。

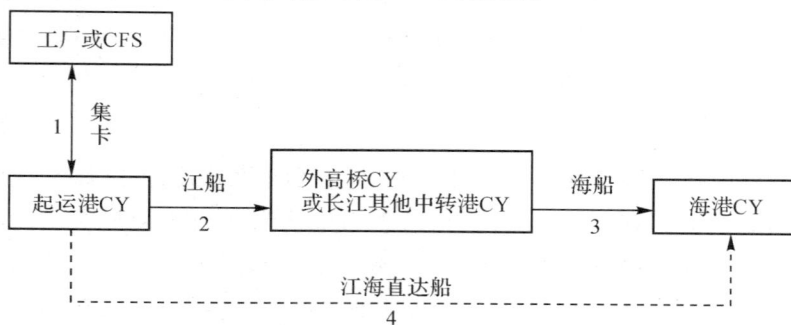

图 3-4　江海联运的环节组成

（三）公路运输的环节组成

公路运输环节简单，如图 3-5 所示，集卡由洋山港或其他海港 CY 提取空箱，运抵工厂或集装箱货运站 CFS 装箱后再返回，包括两次装卸和一次往返运输过程。

```
┌──────────┐      集卡       ┌──────────┐
│ 工厂或CFS │ ◄────────────► │  海港CY  │
└──────────┘        1        └──────────┘
```

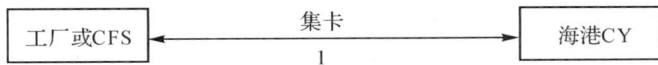

图 3-5　公路运输的环节组成

第二节　集装箱海铁联运系统要素

　　武慧荣等在《集装箱海铁联运系统分析及发展研究》中认为，集装箱海铁联运系统是受运输政策、腹地经济、自然资源、环境、安全及其他集疏运方式等外部因素影响，由基础设施、装备技术、资源配置、作业组织、运输服务等内部因素组成的系统工程[29]。从系统构成要素而言，可以认为集装箱海铁联运系统由基础设施、运输装备、企业主体、物流信息、制度环境五个要素组成。

一、基础设施

　　基础设施要素包括可以开展集装箱业务的港口码头、铁路网络和货运场站。

　　（一）集装箱码头

　　集装箱码头是指包括港池、锚地、进港航道、泊位等水域以及货运站、堆场、码头前沿、办公生活区域等陆域范围的能够容纳完整的集装箱装卸操作过程的具有明确界限的场所。集装箱码头主要由靠泊设施、码头前沿、集装箱编排场、集装箱堆场、集装箱货运站、控制塔、大门、维修车间、集装箱清洗场和码头办公楼设施组成。集装箱码头一般具有大型和深水化、机械和高效化、信息和现代化等特征。

　　（二）铁路网络

　　铁路网络是在一定空间范围内，为满足一定历史条件下的客货运输需求，由相互联结的铁路干线、支线、联络线以及车站和枢纽所构成的网状结构的铁路系统。

　　截至 2014 年年底，全国铁路运营总里程已突破 11.2 万公里，其中高铁运营总里程达到 1.6 万公里[30]，如图 3-6 所示。

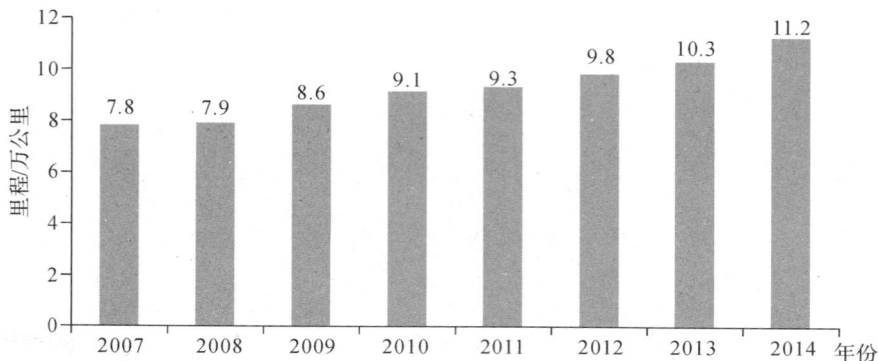

图 3-6　2007—2014 年全国铁路营业里程情况

注：数据来自国家铁路局。

　　铁路集装箱办理站按照其在路网中的地位、作用及规模，可分为集装箱中心站、集装箱专门办理站、集装箱一般办理站和可以办理集装箱运输业务的普通铁路车站四个层次。四个层次呈树状结构，上层节点辐射下层节点，起到集疏运作用。合理组织四个层次间的运输，可达到充分利用运输资源、优化运输生产过程的目的。

　　1. 集装箱中心站及其功能定位

　　铁路集装箱中心站，是铁路集装箱运输和干线班列发送、到达、中转的重要基地，是全国和区域铁路集装箱运输的中心，具有先进的技术装备和货物仓储、集散、信息等物流服务功能[31]，对周边地区集装箱运输具有较强的辐射作用。具体功能包括：

　　1）铁路集装箱办理站基本功能

　　在铁路集装箱中心站间开行集装箱班列，中心站应具备铁路集装箱办理站的基本功能，设置必要的到发线、装卸线、调车线、牵出线和集装箱作业区，使其具备编发、接卸成列集装箱列车的能力，同时要具有对车辆机械的技术检测与维修，车辆的清洗、加油和停放等配套服务功能。

　　2）内陆口岸通关服务功能

　　铁路集装箱中心站内可以增设一关三检等口岸监管服务机构，以供各类集装箱货物办理出入境手续。能够办理国际货运代理业务，代理各种货物进出口业务，包括代办接货、发运业务，申请"一关三检"，办理进出口货物经由公路、铁路、水路、航空的转运业务，代办运输全过程的投保、支付运费、交纳各种税费等业务,使出入境口岸业务由沿海港口延伸到内陆铁路集装箱中心站,从而为内陆客户就地办理出入口业务手续提供更加方便快捷和经济的服务条件。

3)内陆集装箱堆场(CY)和集装箱货运站(CFS)业务功能

集装箱中心站应该具有办理国际、国内集装箱多式联运和"门到门"服务的相关设施,并具有在周边地区发展现代物流的接口条件。根据货主在国际贸易中所签订的运输条款和箱货交接方式,在多式联运过程中需要停留、中转和交付的进出口国际集装箱重箱、空箱或拼箱货物,都可以由港口转运至铁路集装箱中心站进行整箱或拼箱货物的交接,并划分其责任与风险。

4)集装箱箱管站功能

铁路集装箱中心站经由船公司集装箱管理中心认可并与之签订协议后,即可以作为船公司及其代理人调度、交接、集中、保管和堆存空集装箱的场所,并且设有 EDI 系统,负责集装箱的动态跟踪,可以减少空箱的远距离调用,降低集装箱回空率。

5)信息处理、传输功能

铁路集装箱中心站应建立管理信息系统,对集装箱进行动态跟踪和管理,对集装箱货物的承揽、仓储、运输及车辆作业、调度计划等完成统计制表,处理在集装箱运输中所涉及的单证信息,实现信息共享。

2.集装箱专门办理站及其功能定位

集装箱专门办理站是靠近省会城市、大型港口和主要内陆口岸地区的铁路集装箱运输中心。具体功能包括:

(1)设有集装箱装卸设备、集装箱堆存场地,并有必备的调车条件,具有办理集装箱班列及枢纽集装箱小运转列车到发的功能,装卸线可具有集装箱班列到发及装卸的功能。

(2)站内设有国际集装箱监管及查检场地,可在专办站内办理报关、转关等手续,具有"一关两检"及办理国际集装箱联运业务的口岸功能。

(3)按照办理发送集装箱站作业计划、到达集装箱预报及疏站作业计划及接受客户查询、咨询等功能,设有营业大厅、电子信息平台、中央控制室等设施,具有办理集装箱多式联运及门到门服务的功能。

(4)设有装卸运输机械清洗作业台及维修车间,具有装卸运输机械站内维修的功能。

（5）设有空箱装卸作业设备及堆存场地，具有集装箱储存和空箱调配的功能。

（6）具备保温箱装卸作业设备、堆存场地及巡检设施，具有保温箱储存、保温箱空箱接电检测及调配的功能。

（7）具备拆装箱仓库和场地，具有办理集装箱拆装箱作业的功能。

（8）通过管理信息系统，实现铁路运输和站内集装箱信息处理和传输的功能。

3. 集装箱一般办理站和办理集装箱运输业务的普通铁路车站功能定位

集装箱一般办理站和办理集装箱运输业务的普通铁路车站，是具备基本的仓储、装卸、搬运等设施的集装箱作业节点，设置在具有一定集装箱运量、地区经济较发达且有铁路通达的车站，是铁路集装箱运输网络的基本节点。

（三）货运场站

货运场站主要指集装箱堆场、集装箱货运站、内陆无水港或物流园区等，具有集装箱交接、保管和堆存，以及货物装、拆箱和口岸功能的场所。集装箱堆场，是办理集装箱重箱或空箱装卸、转运、保管、交接的场所。集装箱货运站，是处理拼箱货的场所，它办理拼箱货的交接，配载积载后，将箱子送往集装箱堆场，并接受集装箱堆场交来的进口货箱，进行拆箱、理货、保管，最后拨给各收货人。同时也可按承运人的委托进行铅封和签发场站收据等业务[32]。内陆无水港，是在内陆地区建立的具有报关、报验、签发提单等港口服务功能的物流中心。无水港以公路集装箱运输为载体，以港口和内陆两地海关和检验检疫部门合作为依托，通过在无水港内设置的海关、检疫、商检等监管机构，为客户通关提供有效服务。同时，货代、船代和船公司也在无水港内设立分支机构，以便收货、还箱、签发以当地为起运港或终点港的多式联运提单。内陆的客户则可以在当地办理定舱、装箱、报关、放行、退税和保险等业务，实现无水港电子信息平台与口岸平台对接和信息共享，形成一次报关、一次放行的物流运作模式[33]。

二、运输装备

装备技术子系统是指集装箱港口、铁路站场装备，包括港口、站场装卸设备、水平运输装备、集装箱班列及相关技术装备的集合。

（一）集装箱船舶

1956 年 4 月 26 日,第一艘集装箱船在美国泛大西洋汽船公司正式投入运营,标志着海上运输集装箱化时代的到来[34]。随着船舶建造技术的发展和对运输规模经济的考虑,各班轮公司集装箱船舶大型化的趋势明显加快,从 1969 年的 1572TEU 到 1996 年的 7000TEU,从 2005 年的 9200TEU 到 2014 年的 19100TEU,单艘集装箱船舶的载箱量增长了 11 倍。表现在船型发展方面,主要历程如表 3-1 所示[35]。

表 3-1　集装箱船型发展的历史阶段

阶段	年份	主要特征
第一代	1968 年以前	由普通货船和小型不定期船改造而成;集装箱数量不多,规格不统一;船型在 400～700TEU;无专用集装箱码头和装卸、运输机械;集装箱货物有限。
第二代	1969—1981 年	随着太平洋航线、亚洲—欧洲、欧洲—澳洲等主要航线和亚洲、非洲、大洋洲等南北集装箱运输航线的相继开通,集装箱运输进入发展阶段,船型发展到欧亚航线的 2000TEU 左右。
第三代	1982—1987 年	货物集装箱化开始普及、船价下降、码头公共化等趋势使集装箱海上运输壁垒被打破,亚洲国家船公司相继参与集装箱运输,竞争激烈,利用船舶大型化降低运输成本步伐加快。1982 年,美国总统轮船公司在太平洋航线投入 2500TEU 巴拿马型集装箱船,开启了集装箱船大型化时代。
第四代	1988—1996 年	1988 年,美国总统轮船公司投入 C-10 型集装箱船,船宽 39.4m,超过巴拿马运河可通行船舶的最大宽度 32.3m,集装箱船进入超巴拿马型时代。
第五代、第六代	1997—2000 年	1997 年以来,5000TEU 以上集装箱船相继投入使用,集装箱船舶进入第五代时期;同时,超过 6000TEU 的第六代集装箱船舶以及 7000TEU 船型开始投入营运,集装箱船舶大型化速度加快。

续表

阶段	年份	主要特征
万箱船时代	2000 年以后	2003 年,马士基海陆 Excel Maersk 号和东方海外 Shenzhen 号船的下水营运,标志着超大型集装箱船舶时代开始。到 2005 年年底,8000TEU 以上船舶逐渐成为远洋贸易的主要船型,10000TEU 及以上船型开始建造。当时,8000TEU 订造船型占船型总订造运力的 32%,是各级船型比重最大的一种船舶,集装箱船舶大型化进化周期越来越短。

　　截至 2013 年年底,全球共有集装箱船舶 5586 艘,总运力 1798.8 万 TEU。其中 5000TEU 以上船舶 1155 艘,占总艘数的 21%,运力 916.9 万 TEU,占总运力的 51%;8000TEU 以上船舶 558 艘,占总艘数的 10%,运力达 539.3 万 TEU,占总运力的 30%;10000TEU 以上船舶 214 艘,占总艘数的 4%,运力达 268.4 万 TEU,占总运力的 15%[36]。

　　2013 年年底集装箱船队结构如图 3-7、图 3-8 所示。

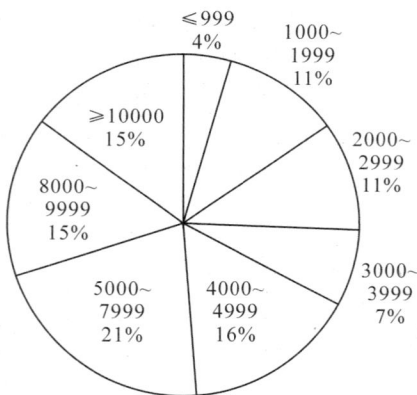

图 3-7　2013 年年底集装箱船队结构(箱位)

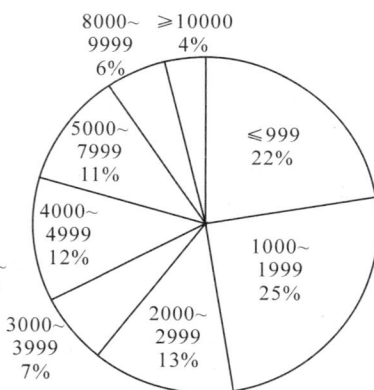

注:数据来自上海国际航运研究中心。

图 3-8　2013 年年底集装箱船队结构(艘数)

注:数据来自上海国际航运研究中心。

(二)铁路机车和车辆

　　机车是铁路运输中牵引列车的动力设备,按照动力源的不同,可以分为蒸汽机车、内燃机车和电力机车。其中,内燃机车以内燃机作为原动力,按照传动方式不同可分为电力传动内燃机车和液力传动内燃机车,热效率可达 20%～30%；电力机车依靠外部的牵引供电系统供电，通过机车上的牵引电动机驱动列车前进，热效率可达 30% 以上。

铁路车辆，是运送旅客和货物的工具，由车体、车底架、走行部、车钩缓冲装置和制动装置组成，一般没有动力装置，需要将车辆连接成列，由机车牵引前进。按用途分，可分为客车、货车、特种用途车；按轴数分，可分为四轴车、六轴车、多轴车。货车按载重量分，有 50 吨、60 吨、75 吨、90 吨等；按车体类型分，一般有棚车、敞车、平车、罐车、保温车、专用货车等。车辆编码由车种、车型、车号三部分组成。如 $C_{62}71980761$，C 表示该货车为敞车，62 表示货车的重量系列，71980761 表示货车车辆号。

（三）集卡车辆

集卡是载运集装箱的专用运输汽车，由车头和挂车两部分组成，是综合运输中必备的运输装备。集卡装载部位的尺寸按标准集装箱尺寸确定，并在相应于集装箱底部四角的位置上设有固定集装箱的扭锁装置。集卡通常采用汽车列车的组合形式，一般有半挂式、全挂式和双挂式，其中以半挂式汽车列车居多。集卡半挂车有平板式和骨架式两种。平板式半挂车的装载部位是平板货台，可用于装运集装箱，也可用于装运普通长大件货物，车辆的使用效率较高。骨架式半挂车的装载部位是无货台的底盘骨架，集装箱装到车上并由扭锁装置固定以后，也成为半挂车的强度构件。骨架式半挂车只能专门装运集装箱。它具有自重小、结构简单、维修方便等优点[37]。

（四）装卸机械

主要有集装箱桥吊、龙门吊、正面吊、叉车等专用装卸机械。其中，集装箱龙门吊一般有轮胎式和轨式，用于集装箱码头、铁路场站。集装箱桥吊将集装箱从船上卸下装上拖挂车；运到堆场或后方后，集装箱龙门起重机跨度和门架两侧的高度都较大，堆场堆码可达 5～6 层高、6 排宽。集装箱龙门起重机起升速度为 8～10 米/分；跨度根据需要跨越的集装箱排数来决定，最大为 60 米左右，相应于 20 英尺、40 英尺长集装箱的起重量分别约为 20 吨和 30 吨[38]。

（五）集装箱

集装箱自出现以来，已经成为全球普遍接受的标准化大型装货容器。

在国际海上集装箱运输中采用最多的是 IAA 型（即 40 英尺）和 IC 型（即 20 英尺）两种。此外，还有不少非标准集装箱，如美国海陆公司的 35 英尺集装箱、总统轮船公司的 45 英尺及 48 英尺集装箱，中国铁路总公司的 1 吨、5 吨、10 吨铁路集装箱等。

海铁联运的集装箱由航运公司拥有和控制是全球的惯例和必然规律。只有跨国航运公司才具备跨国重箱发送和空箱调拨的能力。全球绝大多数的海铁联运集装箱都属于航运公司而不是铁路公司，例如，在全球最大的美国多式联运公司 BNSF 的资产负债表上，就只有非常少量的集装箱资产。

三、企业主体

各类企业主体，由于行业结构差异，在市场中所处的地位也有较大不同。船公司在海运市场上拥有一定的优势航线，具备一定程度的市场垄断力，但也面临其他船公司的竞争；铁路运营组织上具有高度计划性，在国内铁路运输市场上，铁路运输企业仍处于垄断地位；港口经营人由于地理位置优势和行业特点，具有一定的自然垄断地位；货运代理和道路运输市场开放度较高，市场竞争充分，货运代理公司和集卡车队一般不具备市场控制力。

（一）船公司

据 Alphaliner 最新运力数据显示，截至 2014 年 10 月 8 日，全球班轮公司运力排名前 3 位的分别是：马士基航运、地中海航运和达飞轮船；第 4 到第 10 名依次为：长荣海运、中远集运、赫伯罗特、中海集运、韩进海运、商船三井、美国总统轮船[39]（见图 3-9）。全球前 20 大班轮公司已形成 2M、G6、CKYHE 和 O3 四大联盟，仅有汉堡南美、太平船务、以星航运以及万海航运 4 家班轮公司未加入联盟。截至 2014 年 9 月，世界前 20 大班轮公司拥有集装箱船舶合计 3339 艘，共 1569.39 万 TEU，其中自有船舶 1401 艘，合计运力 795.34 万 TEU，租赁船舶 1938 艘，合计运力 774.05 万 TEU。

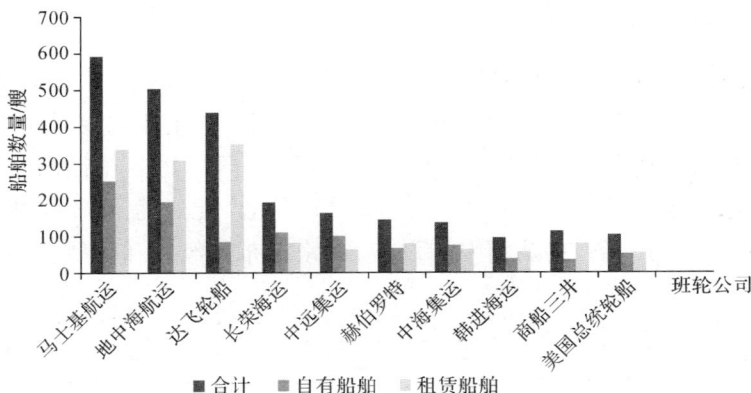

图 3-9　世界前 10 大班轮公司集装箱船舶数量

注：数据来自上海国际航运研究中心。

　　为了适应集装箱船舶大型化的要求,班轮公司自有集装箱船舶箱位不断增大,截至 2014 年 9 月,全球前 20 大班轮公司自有集装箱船舶平均箱位 5954.5TEU 。其中,马士基航运的自有船舶平均箱位为 6195.3TEU;美国总统轮船的自有船舶平均箱位为 7730.9TEU(见图 3-10)。亚欧航线由于货源充足,沿线港口的水深条件、港口服务能够满足大型集装箱船舶的靠泊要求,更易于发挥大型集装箱船舶的规模效应。截至 2014 年 5 月 1 日,亚欧航线上 379 艘轮船中的 179 艘为超大型集装箱船,占该航线上船舶总数的 47.2%。

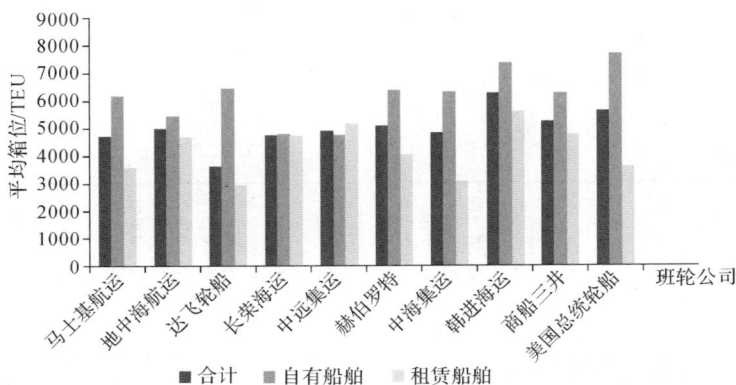

图 3-10　世界前 10 大班轮公司集装箱船舶平均箱位

注：数据来自上海国际航运研究中心。

（二）铁路运输公司

铁路运输公司是运营铁路网络和铁路机车、车辆，经营铁路客货运输业务的企业主体。我国经营铁路集装箱运输业务的企业主要是中铁集装箱运输有限责任公司（见图 3-11），其主营国内、国际集装箱铁路运输、集装箱多式联运，国际铁路联运，仓储、装卸、包装、配送等物流服务，集装箱、集装箱专用车辆、集装箱专用设施、铁路篷布等经营和租赁业务，兼营

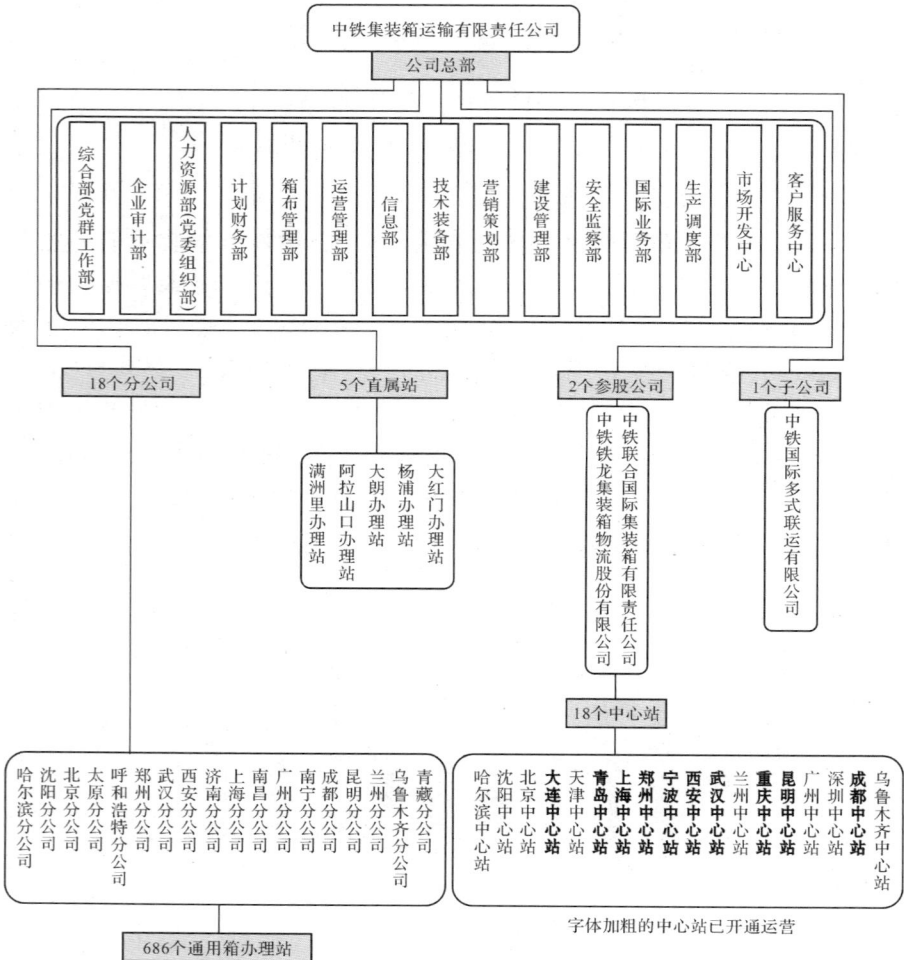

图 3-11　中铁集装箱公司组织结构

注：图来自中铁集装箱运输有限责任公司。

国际、国内货运代理,以及与上述业务相关的经济、技术、信息咨询和服务业务。公司拥有北京东、杨浦、成都东、重庆东、大朗、昆明东6个集装箱办理站。现有20英尺、40英尺国际通用集装箱,有折叠式台架集装箱、板架式集装箱、双层汽车集装箱、罐式集装箱、散货水泥集装箱和散货集装箱等各种类型的专用集装箱,共计17.3万TEU。公司有集装箱专用平车9130辆,铁路篷布35万张。

公司与国际著名的物流、投资、建设等公司合作,共同出资成立中铁国际联合集装箱有限公司,引进国际资本及先进的管理经验和管理机制,承担上海、昆明、哈尔滨、广州、兰州、乌鲁木齐、天津、青岛、北京、沈阳、成都、重庆、西安、郑州、武汉、大连、宁波、深圳18个铁路集装箱中心站建设和运输经营。改造40个大城市、大型港口和主要内陆口岸所在地的集装箱专办站,保留100个左右的集装箱办理站。2014年,在全国740个铁路车站开展集装箱运输业务。公司十分重视阿拉山口陆路口岸的建设,对集装箱换装站进行扩展改造,为扩大新亚欧大陆桥运输通道的国际铁路联运能力奠定基础[40]。

(三)港口经营人

港口经营人,是指依法取得经营资格,从事港口经营活动的组织和个人,具体负责集装箱码头的运营与管理。

2014年,全球十大集装箱港口吞吐量排序依次为:上海港、新加坡港、深圳港、香港港、宁波—舟山港、釜山港、青岛港、广州港、迪拜港、天津港,如图3-12所示。其中,中国港口共占七席,集装箱吞吐量所占比重为68.6%,与2013年68.7%的水平基本持平;余下的第二、第六、第九名分别是新加坡港、韩国釜山港、阿联酋迪拜港。

(四)货运代理公司

货运代理公司主要负责货物运输的业务,有内贸也有外贸。货运代理公司在国际货运市场上,处于货主与承运人之间,接受货主委托,代办租船、订舱、配载、缮制有关证件、报关、报验、保险、集装箱运输、拆装箱、签发提单、结算运杂费,乃至交单议付和结汇[41]。1926年成立的国际货运代理协会联合会,总部设在瑞士苏黎世,其成员已发展到130多个国家和地区,拥有国际货运代理公司3500多家,从业人员已达800多万人。

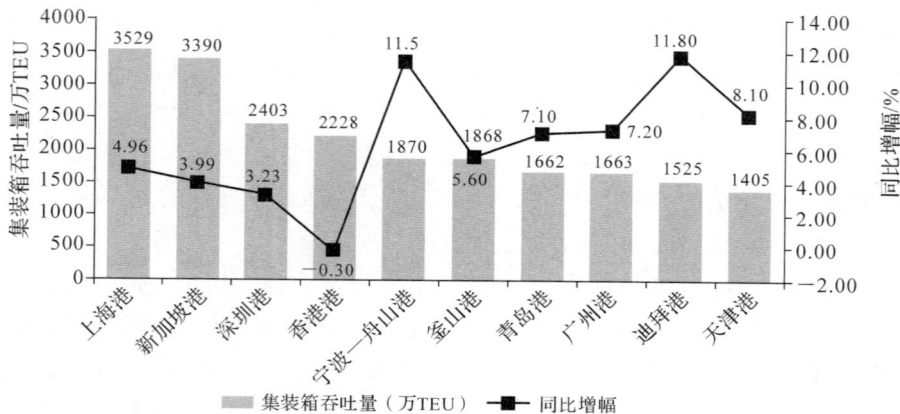

图 3-12　2014 年全球集装箱吞吐量排名前十港口

注：数据来自上海国际航运研究中心。

（五）集卡车队

集卡车队，是拥有集卡车辆从事集装箱道路运输的企业。由于道路集装箱运输市场准入许可的放开，集卡车队一般以私营企业为主，规模不大，市场竞争充分，行业集中度不高。

四、物流信息

物流信息是反映物流各种活动内容的知识、资料、图像、数据、文件的总称，这里特指在集装箱海铁联运的运输、仓储、装卸、包装、加工、通关等各个环节中，货物、集装箱和运输工具的信息集合，主要包括港口 EDI、电子口岸、铁路 TMIS 和 DMIS 信息系统、船公司箱管系统和订舱平台等。

（一）港口 EDI

港口 EDI 是以港口为中心，用一种国际公认的标准格式，通过计算机通信网络，在港口经营人与船公司、货代、船代、理货、场站、一关三检等众多集装箱运输相关单位之间，进行贸易、运输、口岸等行业信息的数据交换和处理，并完成以货物运输为中心的全部业务过程。目前，国内沿海和长江主要外贸港口已基本建成港口 EDI 系统。

（二）电子口岸

电子口岸是货物进出口统一信息平台，是海关、国检、税务等国家执法部门将分别掌管的进出口业务信息流、资金流、货物流电子底账数据集中存放的口岸公共数据中心,为各行政管理部门提供跨部门、跨行业的行政执法数据联网核查,并为企业提供与行政管理部门及中介服务机构联网办理进出口业务的门户网站[42]。目前,电子口岸已覆盖全国各地,实现与海关、国检、税务等执法部门联网,具备海关报关、加工贸易、外汇核销单、出口退税等业务功能[43]。

(三)铁路 TMIS 和 DMIS 信息系统

铁路运输管理信息系统(TMIS)通过建立铁路计算机网络,将全路总公司、局、分局、主要站段的计算机设备联成一个整体,从而实现对全路近 50 万辆货车、1 万多台机车、2 万多列列车、几十万个集装箱及所运货物实施追踪管理。TMIS 主要包括确报、货票、运输计划、车辆、编组站、货运站、区段站、分局调度、货车实时追踪、机车实时追踪、集装箱实时追踪、日常运输统计、现在车及车流推算、军交运输等子系统[44]。

铁路调度指挥管理信息系统(DMIS)以行车调度为核心,实行总公司、局、分局三级调度管理的体制。最上层是总公司调度中心运输调度管理系统,是 DMIS 的核心,它与 14 个铁路局调度中心远程连接,进行信息交换,并建立全路各专业技术资料库。总公司调度中心能获得各路局分界口、重要铁路枢纽、主要干线等的运输状况和调度监督等实时信息;同时还与 TMIS 及其他系统网络互联,在获得大量运输管理信息的基础上为原铁道部领导的决策提供真实可靠的信息,实现调度指挥工作的现代化管理[45]。

(四)船公司箱管系统和订舱平台

船公司箱管系统是船公司对自备和租用集装箱进行提还箱、修理、结算、统计管理的信息系统,一般包括箱(设备)管理、用箱管理、动态管理和箱管费用四个主要模块。

船公司订舱平台是船公司为货代或出口企业提供的相应船期的舱位报价、在线订舱、海运费结算等服务的信息系统。

五、制度环境

制度环境是一系列与政治、经济和文化有关的法律、法规和习俗,对集装箱海铁联运系统中的基础设施、运输装备和企业主体三要素具有重要影响,主要包括多式联运法规、口岸规章制度、装备技术标准等方面。

（一）多式联运法规

多式联运法规对参与多式联运的托运人、承运人等相关主体的权利、义务和责任进行了明确的规定。目前,涉及海铁联运的国内法规主要有:《中华人民共和国海商法》（简称《海商法》）、《铁路货物运输规程》和《铁路货物运价规则》。国际公约、规则主要有:《联合国国际货物多式联运公约》（简称《国际多式联运公约》）、《1991年联合国贸易和发展会议/国际商会多式联运单证规则》（简称《多式联运单证规则》）、《统一提单的若干法律规则的国际公约》（简称《海牙规则》）、《国际铁路货物联运协定》（简称《国际货协》,我国参加）和《国际铁路货物运送公约》（简称《国际货约》）。

由于我国不是《国际多式联运公约》和《海牙规则》的缔约国,加上《海商法》很多内容参考了不少国际运输法规,而且对于多式联运过程有专门的规章规定,所以《海商法》对于主要由中国发货人、收货人和承运人参与的多式联运有很强的作用效力。另外,在和国外的运输公司合作、进行跨国运输的时候,用得更多的是国际运输法律法规,《多式联运单证规则》和《海牙规则》甚至《国际多式联运公约》均可成为运输合同和单证上甲、乙两方所约定合同的可遵照的法律法规。

（二）口岸规章制度

口岸是一个国家的大门。海关、国检、海事、税务等国家执法部门,对货物、人员、运输工具和资金的进出境有一系列的管理规定,如涉及海关方面的《中华人民共和国海关法》（简称《海关法》）、《中华人民共和国知识产权海关保护条例》（简称《知识产权海关保护条例》）、《中华人民共和国进出口关税条例》（简称《进出口关税条例》）等,涉及出入境检验方面的《中华人民共和国进出口商品检验法》（简称《进出口商品检验法》）、《中华人民共和国国境卫生检疫法》（简称《国境卫生检疫法》）、《中华人民共和国进出境动植物检疫法》（简称《进出境动植物检疫法》）、《中华人民共和国食品安全法》（简称《食品安全法》）等,涉及边防方面的《中华人民共和国公民出境入境管理法》（简称《公民出境入境管理法》）、《中华人民共和国外国人入境出境管理法》（简称《外国人入境出境管理法》）、《国际航行船舶进出中华人民共和国口岸检查办法》等。

（三）装备技术标准

对多式联运所涉及的不同方式、不同功能、不同区域和不同部门，制订、发布和实施统一的装备技术标准，是集装箱海铁联运系统运行的基础，有利于提高系统效率和降低系统成本。装备技术标准，一般包括集装箱国际标准、集装箱平板车国际标准、铁路轨距国际标准、铁路车辆国际标准、装卸机械国际标准、物流信息技术国际标准等。

（1）集装箱国际标准。国际标准化组织 ISO/TC104 技术委员会专门负责讨论与制订集装箱的国际标准。自 1961 年成立以来，委员会对集装箱国际标准做过多次补充、增减和修改。现行通用的国际标准集装箱共有四个系列十三种规格，其宽度均为 2438 毫米[46]。

（2）铁路轨距国际标准。1937 年，国际铁路协会做出规定：1435 毫米的轨距为国际通用的标准轨距，1520 毫米以上的轨距是宽轨，1067 毫米以下的轨距算作窄轨。世界上有四种轨距：欧洲大部分国家、土耳其、伊朗、中国、韩国、朝鲜为 1435 毫米标准轨距；芬兰、俄罗斯以及哈萨克斯坦、吉尔吉斯斯坦、乌兹别克斯坦和塔吉克斯坦等采用 1520 毫米阔轨；印度、巴基斯坦、孟加拉国和斯里兰卡多数采用 1676 毫米阔轨；东南亚则多采用 1000 毫米窄轨[47]。

（3）物流信息技术国际标准。船公司、港口经营人、铁路运输公司、货运代理公司、集卡车队和口岸等管理部门的信息系统，在物流信息的通信协议、传输方式、传送速度、数据格式、安全保密、交换程序等方面按照国际标准统一执行，即港口 EDI、电子口岸、铁路 TMIS 和 DMIS 信息系统、船公司箱管系统和订舱平台，在信息传输与交换中能够按照国际标准的数据格式进行。

第三节　集装箱海铁联运系统功能

集装箱海铁联运系统，在具有运输的空间效用和时间效用功能的基础上，还具有运输资源的整合功能、成本和时间价值均衡功能、低碳环保功能。

一、运输的空间效用

集装箱海铁联运,是货物空间转移的过程。其空间效用又称"场所效用",是指通过运输活动,实现货物远距离的位置移动而产生的效用。商品生产的目的是为了消费。一般来说,由于世界上资源禀赋在地理分布上不均匀,商品的生产地与消费地是不一致的,即存在位置背离。另外,货物在不同的位置,其使用价值实现的程度是不同的,即效用价值是不同的[48]。只有通过运输,才能消除位置背离,实现商品的使用价值,实现商品由低使用价值的地区流向高使用价值的地区。

二、运输的时间效用

集装箱海铁联运,也是货物储存时间顺延的过程。由于货物处在不同的时刻,其效用价值是不一样的。其时间效用是指通过运输过程的储存保管,将货物从效用价值低的时刻延迟到效用价值高的时刻再进入消费,以更好地实现货物的使用价值。因为运输货物需要时间,特别是长途或海上运输,需要的时间更长,在这个过程中货物储存在于运输工具内,为避免货物损坏或丢失,还要为运输工具内的货物储存创造一定的条件,这在客观上创造了货物的时间效用[24]。在中转供货系统中,货物经过运输节点(车站、码头)时,有时需要短时间的停留(如一至几天),这时如果将货物卸下入库,然后再装车发运,从费用角度来说,还不如让其在运输工具中暂时储存更合算。这种情况下,把运载工具作为临时仓库进行短时间的储存是合理的。

三、运输资源整合功能

不同的城市由于地理位置和经济发展水平的差异,具有不同的运输方式结构。如我国中西部内陆城市以公路和铁路运输方式为主,东部沿海城市则以公路、铁路、水路运输方式为主。不同的运输结构,意味着运输资源分配的不均衡。集装箱海铁联运,将我国中西部内陆城市和东部沿海连接起来,通过投资、劳动力和技术等资源在公路、铁路、水路、航空不同运输方式中的分配和调节,尽可能地提高资源利用效率,从而实现不同区域的城市、不同运输方式的优势互补。比如,欧洲通过鼓励集装箱海铁联运发展,很好地解决了客货运争夺公路资源而造成的拥堵问题。

四、成本和时间价值均衡功能

集装箱海铁联运与公路、海路和海公联运三种运输方式相比,在运输成本和运输时间上并不占据绝对优势,却是一种相对均衡的多式联运方式,较适用于高附加值商品和快消品的运输。海铁联运与公路运输相比,具有较明显的成本优势,但运输时间劣势较为明显;与海运相比,具有较明显的运输时间优势,但成本费用相对较高;与海公联运相比,成本优势和运输时间劣势都不突出。海铁联运运输时间的节约,对于高附加值商品来说,可以降低存货成本,缩短备货周期;对于快消品来说,可以更快地抵达市场,及时满足用户的需求。集装箱不同运输方式的成本与运输时间如图 3-13 所示。

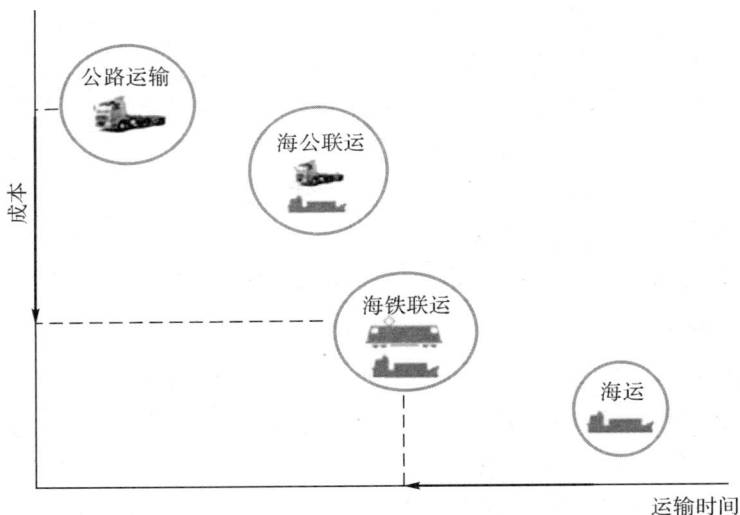

图 3-13　集装箱不同运输方式的成本与运输时间比较

五、低碳环保功能

集装箱海铁联运是一种低碳、绿色、环保的运输方式。目前,交通运输产生的废气和噪声已成为环境污染的主要来源,全世界由交通运输而产生的有害气体占大气污染的 50% 以上[49]。根据完成单位运输周转量造成的环境成本测算,航空和公路运输分别是铁路运输的 15.2 倍和 4.9 倍。从降低油耗减少排放来看,每标准箱每公里铁路运输方式的油耗是公路运输方式的 40%，可减少 CO_2 排放约 0.4 千克。

第四节　集装箱海铁联运系统特性

一、开放性

集装箱海铁联运系统不是一个封闭、独自运营的交通运输系统工程，而是社会经济大系统中的一个子系统[50]。它对社会经济大系统的开放性突出表现在两个方面。一是要素的开放性，即系统中基础设施、运输装备、企业主体、物流信息、制度环境五大要素，在技术、资金、信息、劳动力、政策法规方面与社会经济大系统有着紧密的联系。如集装箱海铁联运系统中的技术、资金、信息、劳动力按照市场机制作用实现与社会经济大系统间的合理流动；集装箱海铁联运系统的制度环境必须遵循社会经济系统中的上位法律法规。二是区域的开放性，即系统并非只存在于某一特定的区域，而是根据货物流动的需求，存在于不同国家、不同省区市动态的大区域内。反过来讲，货物流动涉及的不同区域，其中任一国家在集装箱海铁联运系统任一方面的封闭制约，都会影响该系统的正常运行。

二、协同性

集装箱海铁联运系统的协同性包括内部协同性和外部协同性两个层次。内部协同性主要指系统铁路、海路和公路三种运输方式在基础设施、运输装备、企业主体、物流信息、制度环境五大要素上保持协调统一，使系统成为具有特定功能的有机整体。比如，口岸建设与港口、集装箱货运站建设相统一，集装箱码头、公路无水港与铁路集装箱中心站建设相统一，船公司、港口经营人、铁路运输公司、货运代理公司、集卡车队和口岸等管理部门的信息互联互通和数据交换。这些协调机制各具功能，相互影响。外部协同性主要指系统与外部环境的协调统一。整个集装箱海铁联运系统应保持节能、低碳特性，减少对自然环境的破坏和污染。

三、非均衡性

集装箱海铁联运系统非均衡性主要表现在三个方面，一是铁路、海路和公路三种运输方式在运输布局、运输能力、技术装备、组织结构方面存在不均衡性;二是企业主体发展不均衡性,市场中不同企业之间展开激烈竞争,优胜劣汰,企业之间不断实施兼并、重组等[51];三是系统运营在方向和时间上具有不均衡性,出现去程和返程货源不均衡,以及不同季节货源不均衡的现象。

四、性能误差性

集装箱海铁联运系统理论上产出与实践结果存在明显的误差,如图3-14所示,主要包括三个方面的误差。一是系统摩擦误差,由铁路运输公司、船公司、港口经营人和集卡车队、货运站经营人的自身运营效率和相互间的协同能力而产生。二是货代或多式联运经营人协同能力误差,不同的货代公司具有不同的擅长专业和资源优势,因此专业技能和服务水平各有差异。三是货代或多式联运经营人误差,即在有或无货代公司的情况下集装箱海铁联运系统性能的差异[52]。海铁联运协同误差则由货代能力误差和货代存在误差组成,如图3-14所示。

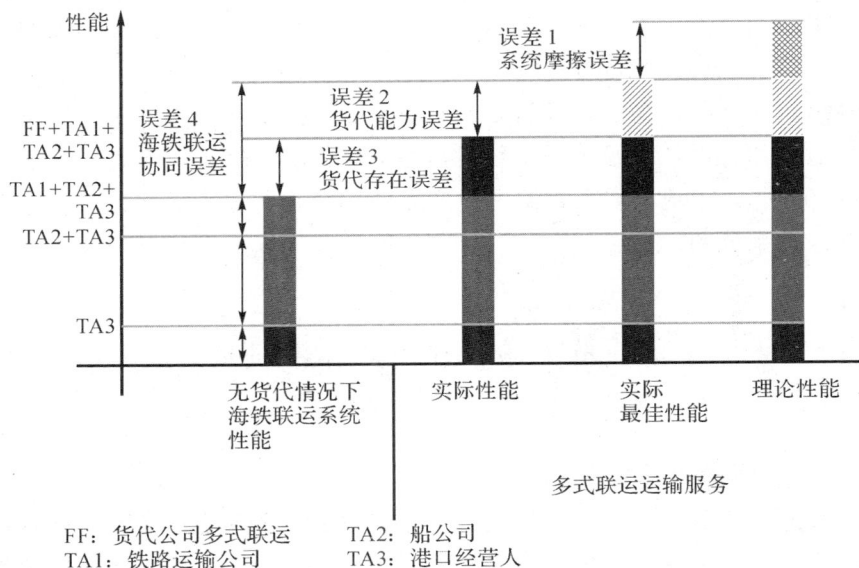

图 3-14　集装箱海铁联运系统性能误差

第四章

集装箱海铁联运与社会经济系统关系

> > >　　>

美国麻省理工学院的 Cascetta 和 Ennio 在《运输系统分析：模型与应用》一书中指出：交通运输是社会经济大系统中的一个子系统。集装箱多式联运作为交通运输的一种特定形式，一方面通过自身的投资和服务活动来适应和促进社会经济大系统的发展，另一方面社会经济大系统通过资本、劳动力、土地等要素供给和生产企业的货物运输需求来推动集装箱海铁联运系统的发展。

第一节　基本理论与作用机理

一、相关基本理论

交通运输业是社会经济发展的基础性产业，对国民经济增长具有重要作用。交通运输作为区域经济的一部分，是区域经济发展、增强区域之间联系的基础性条件。交通运输业的发展水平往往代表了一个地区的经济发展水平。如果交通运输的发展水平超前一些，社会经济发展就具备了较好的发展条件；如果交通运输发展滞后，就会抑制整个区域经济的健康发展。同样，区域经济也对交通运输起着非常重要的作用。区域经济是交通运输存在的基础,没有区域经济也就谈不上交通运输。区域经济的发展水平决定着交通运输的发展水平,区域经济的发达程度决定了区域内人员、物资的流动需求,而这种流动需求直接影响着区域交通运输量的大小。许多学者对交通运输与社会经济系统间的关系进行了大量研究,主要集中在三大领域。

（一）交通运输对经济增长的促进作用

交通运输系统对区域经济量的扩张作用,通常有三种定量分析模型。

1. 投入产出模型

美国经济学家瓦西里·列昂惕夫（Wassily Leontief）创立的投入产出法,就是把一系列内部部门在一定时期内的投入（购买）来源与产出（销售）去向排成一张纵横交叉的投入产出表格,根据此表建立数学模型,计算消耗系数,并据以进行经济分析和预测的方法。该方法被广泛应用于研究国民经济两大部类间、积累与消费间的比例关系,预测各部门的投入量和产出量。汪传旭运用投入产出方法和产业关联理论,定量分析了运输业单位产值的增加对国民经济增长所带来的影响[53]。

2. 生产函数或经济增长模型

基于柯布—道格拉斯生产函数和索罗经济增长模型,运用计量回归分析,是研究交通投资对经济增长作用的一般方法。Aschauer运用新古典经济增长模型,将基础设施投资的下降与随后生产率的下降进行经济计量研究,得出交通基础设施对经济增长有重要作用的结论。研究结果表明,交通基础设施对经济增长的弹性在 $0.28\sim0.58$。胡鞍钢等根据 28 个省份 1985—2006 年的相关数据,运用空间计量模型及极大似然估计方法论证了交通运输对中国经济发展的外部溢出效应[54]。高嵩认为,交通运输与经济增长之间具有相互促进、相辅相成的关系[55]。蒋慧峰运用线性回归分析及系统协调度预测模型,分析了 2002—2011 年交通运输与经济系统的协调发展趋势[56]。周平德应用 Granger 因果检验法及回归模型,研究了广州、深圳和香港港口与航空物流业对城市和区域经济增长的作用[57]。

3. 系统动力学模型

丁以中通过分析交通与经济的作用机理,构造了交通运输子模型、经济子模型和交通与其他行业子模型,运用系统动力学的方法进行仿真,从而得出模型之间相互作用的关系。武慧荣等分析了集装箱海铁联运与社会经济系统间的相互关系,运用系统动力学原理,分别从集装箱海铁联运与腹地经济、装备技术、其他集疏运方式、运输政策、运输价格、环境和安全六个维度,综合构建了集装箱海铁联运系统的因果关系图和结构方程[58]。

(二)交通运输对经济结构的调整作用

交通运输对经济结构的调整作用,主要体现在空间布局和产业转移两个方面。

1.对空间结构调整的作用理论

(1)区位理论。经济学家韦伯(Weber)认为,运输费用、劳动力成本和生产集聚力是工业区位选址的主要影响因素,其中交通运输系统对资本、劳动力、技术等生产要素在区域的分布起着至关重要的作用。德国地理学家克里斯·泰勒(Chris Taylor)创立了中心地理学说,他认为,对于中心地区提供的服务和货物的需求会随着距离的增加而减少,由于交通费用随着距离的增加而增加,所以随着距离的增加会出现对于中心市场需求为零的区域。克里斯·泰勒用这种简单的理论抽象出了交通运输系统对区域布局的影响。

(2)增长极理论。法国经济学家佩鲁(Perroux)提出的增长极理论认为:经济增长首先出现在具有创新能力的行业,这些行业常常集中于区域内的某些点上,于是就形成了增长极,增长极再通过各种方式向外扩散,其中交通运输系统在一定程度上引导增长极的扩散。

(3)点轴开发理论。点是区域经济的增长极,轴是交通干线。点轴开发理论的出发点是围绕增长极和交通干线进行区域的空间开发。中轴线的发展是交通运输系统在区域经济空间结构发展中作用的结果。

(4)交通经济带理论。交通经济带是一种经济活动沿着交通基础设施束集聚分布的现象,在交通经济带的理论中,交通直接导致了区域空间结构的形成。

2.对产业结构调整的作用理论

梯度转移理论很好地解释了交通对于区域产业结构的影响。所谓梯度是指区域之间经济总体水平的差异,区域经济的发展按照梯度由高向低发展,产业结构的布局也会呈现出按照梯度变化的趋势。梯度转移理论是建立在产品生命周期理论基础之上的,它的基本原理就是经济发展水平较高地区将低技术含量、低附加值的产业向经济水平较低地区转移,这样一级一级向下转移,形成产业结构在区域内各个梯度地区的不同,创新活动首先从高梯度地区发源,随着时间推移,按顺序由高梯度向低梯度发展,交通运输系统在梯度转移过程中起很大作用,加速了各个地区产业结构的优化,这种现象在长三角地区表现得十分明显。

(三)区域经济对交通运输的反向作用

1.区域经济为交通运输提供要素支撑

首先是资金供给,区域经济为交通设施建设提供资金支持;其次是技术供给,经济发展越来越受到资源环境影响的制约,这就需要大力发展可持续的交通运输系统,发展新的环境友好、资源节约型交通技术;第三是市场需求,产业结构的升级会不断促使运输业调整其内部结构;第四是制度供给,经济的发展、市场机制的完善为交通设施建设提供了很多融资方法,比如 BOT 模式、转让经营权模式和国际投资证券方式。

2.区域经济发展需要一个高效、环保、可持续的综合交通运输系统

区域经济一体化是社会经济发展的必然趋势。积极推动经济一体化进程,有效发挥区域经济的"累计效应"和"辐射效应",构建城市布局合理、市场高度开放、制度建设完善、产业结构互补、信息资源共享、交通体系完备的区域经济共同体,有效降低交易成本、行政成本、制度成本,增强整个区域市场的综合竞争力,是区域经济一体化的最终目标。这必然要求区域内货物、人员、资金、技术、信息、服务的自由流动。而上述要素的流动又需要基础设施尤其是交通基础设施的支撑。因此,为了区域经济一体化进程的顺利推进,势必要完善综合交通运输系统。反过来,综合运输系统的进一步完善、优化,有利于引导产业合理布局和城市群空间区域结构合理发展。

二、相互作用机理

既往研究成果显示,以往学者对集装箱海铁联运与社会经济系统间关系的研究涉及较少。集装箱海铁联运虽然是交通运输的一个子系统,其与社会经济系统间的关系,既符合交通运输与社会经济系统间的一般规律,但在具体要素表现和作用强度上又有自身的特点。概括来说,集装

箱海铁联运系统对社会经济系统具有投资驱动和服务驱动两大作用,社会经济系统对集装箱海铁联运系统则具有资本、劳动力、土地等要素保障和货物运输需求拉动两大作用,如图4-1所示。两者之间存在着交互作用的自组织机制,形成双向作用的正反馈循环。两大系统由不平衡走向平衡是相互间协调发展的常态化模式,而且平衡是相对的,不平衡却是推动系统演化的一种动力。

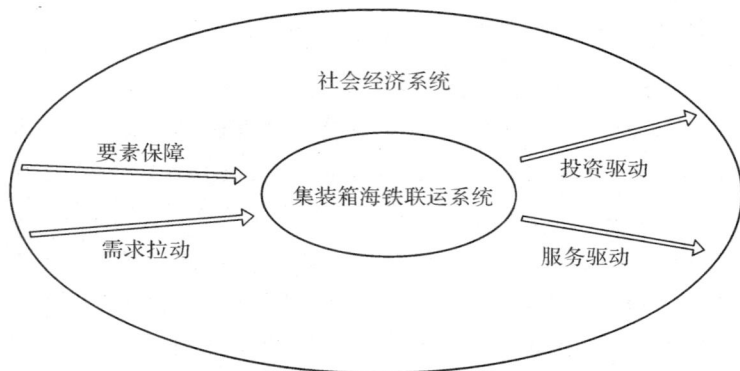

图4-1　集装箱海铁联运与社会经济系统的关系

第二节　投资驱动机理的宁波实证

一、宁波城市和交通概况

宁波市全市总面积9816平方公里,其中市区面积2462平方公里。2013年,全市户籍人口580.1万人,其中市区人口227.6万人。全市实现地区生产总值7128.87亿元,比上年增长8.1%。其中,第二产业实现增加值3741.72亿元,增长8.2%;第三产业实现增加值3110.80亿元,增长8.8%;第三产业增加值占地区生产总值比重比上年提高1.5个百分点。全年市区居民人均可支配收入41729元,比上年增长10.1%;农村居民人均纯收入20534元,增长11.1%,全市居民的生活水平得到进一步改善和提高。

根据2011年2月国务院批复的《浙江海洋经济发展示范区规划》,宁波—舟山港海域、海岛及其依托城市是浙江海洋经济发展示范区的核心区。相比于浙江其他沿海城市,宁波的生产总值上升较快,所占比重从2001年的21.5%上升到2013年的24%。2013年,宁波实现海洋生产总值1150亿元,较2012年增长10.3%,占浙江海洋生产总值的20.91%,并且比重有不断上升趋势。

以港口物流为特色的交通运输业是宁波城市国民经济基础性、支柱性产业。截至2013年年底,宁波拥有生产性泊位328个(沿海322个、内河6个),其中1000吨级以上泊位225个,万吨级以上大型泊位99个(含10万吨级以上大型深水泊位27个)。全市公路总里程已达10892公里,公路网密度达到111.41公里/百平方公里;铁路总里程已达324公里;内河航道总里程927.41公里。全市公路客运车辆4169辆,座位130510个;城市出租车总量为6360辆;公交车6349辆,客位367887个;公路货运车辆97905辆,吨位762757吨;水路运力规模达677艘、578.91万载重吨。2013年全市交通运输业实现增加值358.32亿元,占全市生产总值的5.03%。

伴随宁波港航投资的高增长,海洋经济产出同步增长。2013年,宁波港货物吞吐量完成4.96亿吨,占浙江沿海港口的49.1%;集装箱吞吐量1677.4万TEU,占浙江沿海港口的87.8%。在2013年浙江沿海货物运输船舶3203艘1699万净载重吨中,宁波拥有601艘544万净载重吨,船舶净载重吨居全省第一。2013年,浙江沿海旅客运输量2768万人,旅客周转量5.0亿人公里;沿海货物运输量4.7亿吨,货物周转量5568亿吨公里;远洋货物运输量2880万吨,货物周转量2086亿吨公里。其中宁波沿海货物运输量1.46亿吨,货物周转量1658亿吨公里,位居浙江省第一。

二、投资驱动的索洛模型

(一)模型的建立

索洛模型认为,资本和劳动力是促进经济增长的两大要素[59]。为了有效地分析海铁联运对社会经济的投资驱动作用,假设在技术进步因素保持不变的条件下,选取海洋经济总产值作为因变量,将自变量资本和劳动力分为非交通和交通两个部分,并引入交通变量 T 来表示交通资本和

交通劳动力变量作用,具体区分海铁联运与其他方式的投资,建立如下模型:

$$Y = F(K, L, T_1, T_2, T_3, T_4, T_5, T_6)$$
$$= AK^{\alpha}L^{\beta}T_1^{\gamma_1}T_2^{\gamma_2}T_3^{\gamma_3}T_4^{\gamma_4}T_5^{\gamma_5}T_6^{\gamma_6} \tag{4-1}$$

式(4-1)中,Y 表示海洋经济总产值,K 为非交通资本,L 为非交通劳动力,α、β 分别是非交通资本和非交通劳动力的产出弹性。根据交通变量的具体表现形式,设 T_1 为公路里程,T_2 为铁路里程,T_3 为港口投资,T_4 为汽车载重吨,T_5 为船舶载重吨,T_6 为交通从业人员。

对式(4-1)取对数,得

$$\ln Y = C + \alpha \ln K + \beta \ln L + \gamma 1 \ln T_1 + \gamma 2 \ln T_2 + \gamma 3 \ln T_3 + \gamma 4 \ln T_4$$
$$+ \gamma 5 \ln T_5 + \gamma 6 \ln T_6 \tag{4-2}$$

模型数据来源于《宁波统计年鉴(2012年)》《宁波交通运输统计年鉴(2012年)》《浙江省港航统计年鉴(2012年)》《中国海洋统计年鉴(2011年)》和《宁波海洋经济统计数据(2012年)》。由于原始变量数量较多,单位不统一,数量级有所差别,使用 SPSS 19.0 软件对原始变量进行无量纲化处理,得到 $\ln Y^*$、$\ln K^*$、$\ln L^*$、$\ln T_1^*$、$\ln T_2^*$、$\ln T_3^*$、$\ln T_4^*$、$\ln T_5^*$、$\ln T_6^*$。由于自变量相互之间可能存在多重共线性,运用 SPSS 19.0 对标准化后的自变量进行主成分分析。根据特征根大于1,提取出一个主成分,第一主成分的贡献率达到 87.865%,对标准化后的原始变量解释程度分别达到 97.4%、92.2%、88.2%、55.7%、93.7%、96.4%、99.1%、80.2%,较为全面地概括了所有变量中的信息,主成分 F 的表达式为

$$F = 0.362\ln K^* + 0.372\ln L^* + 0.354\ln T_1^* + 0.282\ln T_2^*$$
$$+ 0.365\ln T_3^* + 0.370\ln T_4^* + 0.375\ln T_5^* + 0.338\ln T_6^* \tag{4-3}$$

式(4-3)中,K^*、L^*、T_1^*、T_2^*、T_3^*、T_4^*、T_5^*、T_6^* 分别为 K、L、T_1、T_2、T_3、T_4、T_5、T_6 标准化后的变量。标准化过程利用均值和标准差来进行计算,以 $\ln K$ 为例,$\ln K = (\ln K - E(\ln K))/\sigma(\ln K)$,其中 $E(\ln K)$ 为 $\ln K$ 的平均值,$\sigma(\ln K)$ 为 $\ln K$ 的标准差。

变量前系数即为它的权重。可见各项指标均与 F 同向变动,且权重从大到小依次为船舶载重吨、非交通从业人员、汽车载重吨、港口投资、非交通投资、公路里程、交通从业人员、铁路里程。

（二）模型的检验

1. 单位根检验

当时间序列含有单位根的时候，它就是一个非平稳的时间序列。用非平稳的变量建立回归模型会带来虚假回归的问题，因此，需要先对时间序列进行单位根检验，检验结果如表 4-1 所示。

表 4-1　ADF 检验结果

变量	(c,t,k)	ADF 检验量	关系	ADF 临界值	P 值	结论
$\ln Y^*$	$(1,1,0)$	-1.703	$>$	-3.515	0.6663	非平稳
F	$(1,1,0)$	-1.469	$>$	-3.515	0.7621	非平稳
$d\ln Y^*$	$(1,1,0)$	-3.776	$<$	-3.590^*	0.0829	平稳
dF	$(1,1,2)$	-5.369	$<$	-3.878^{**}	0.0327	平稳

注：表中 $d\ln Y^*$、dF 分别表示 $\ln Y^*$ 和 F 的一阶差分；c、t、k 分别表示单位根检验中的截距项、趋势项和滞后阶数，滞后期的选择采用 SIC 原则；* 表示在 10% 的水平下显著，** 表示在 5% 的水平下显著。

由表 4-1 可见，变量 $\ln Y^*$ 和 F 的 ADF 检验量都大于 ADF 临界值，都存在单位根，时间序列不平稳；一阶差分后，变量 $d\ln Y^*$ 和 dF 的 ADF 检验量都大于 10% 显著水平下的 ADF 临界值，在 10% 的显著水平下都不存在单位根，时间序列平稳。单位根检验表明，变量 $\ln Y^*$ 和 F 同为一阶单整的时间序列。

2. 协整关系检验

协整关系是指同阶单整的非平稳变量之间存在的长期稳定的均衡关系。采用 Johansen 检验考察变量之间的协整关系，检验结果如表 4-2 所示。

表 4-2　Johansen 检验结果

变量	协整关系	特征值	秩统计量	5% 临界值	P 值	结论
$\ln Y^*$ 和 F	没有	0.983	34.052	15.495	0.0000	拒绝原假设
	至多一个	0.164	1.434	3.841	0.2311	接受原假设

由表 4-2 可见，两个变量在 5% 的水平上存在一个协整关系，即 $\ln Y^*$

和 F 之间存在长期稳定的均衡关系。

3. 因果关系检验

格兰杰(Granger)因果检验与哲学意义上的因果关系有所区别。如果说"x_t 是 y_t 的格兰杰原因",表明"x_t 中包括了预测 y_t 的有效信息"。对变量 $\ln Y^*$ 和 F 格兰杰因果检验的结果如表 4-3 所示。

表 4-3　格兰杰因果检验结果

滞后阶数	原假设	F 统计量	P 值	结论
1	F 不是 $\ln Y^*$ 的格兰杰原因	0.534	0.493	接受
	$\ln Y^*$ 不是 F 的格兰杰原因	0.075	0.793	接受
2	F 不是 $\ln Y^*$ 的格兰杰原因	5.596	0.097	拒绝
	$\ln Y^*$ 不是 F 的格兰杰原因	0.055	0.947	接受

由表 4-3 可见,滞后一阶时,F 不是 $\ln Y^*$ 的格兰杰原因;而滞后二阶时,F 是 $\ln Y^*$ 的格兰杰原因,表明劳动力、投资和交通会对海洋经济产生作用,但存在一定的滞后期。相反地,不管滞后一阶还是二阶,$\ln Y^*$ 都不是 F 的格兰杰原因。

(三)回归系数

模型检验结果表明,变量 $d\ln Y^*$ 和 dF 都是平稳的时间序列,变量 $\ln Y^*$ 和 F 都是一阶单整的,且相互之间存在协整关系,并且变量 F 是 $\ln Y^*$ 的格兰杰原因,因此,将 F 对 $\ln Y^*$ 进行回归分析:

$$\ln Y^* = 0.343F \qquad (4\text{-}4)$$
$$(6.241)^{***}$$
$$R^2 = 0.929, D.W. = 1.64$$

注:*** 表示在 1% 的水平下显著。

回归方程拟合优度较高,回归系数显著,$D.W.$ 值在区间 $(dU, 4-dU)$ 内,表明模型无序列相关性。

将式(4-3)代入式(4-4),并将方程中标准化后的变量转化为原始变量:

$$\ln Y = -13.999 + 0.267\ln K + 0.274\ln L + 0.33\ln T_1 + 0.468\ln T_2$$
$$+ 0.134\ln T_3 + 0.225\ln T_4 + 0.167\ln T_5 + 0.37\ln T_6 \qquad (4\text{-}5)$$

具体回归系数如表 4-4 所示。

表 4-4　改进索洛模型回归结果

变量	$\ln Y$	C	$\ln K$	$\ln L$	$\ln T_1$
回归系数	1	-13.999	0.267	0.274	0.33
变量	$\ln T_2$	$\ln T_3$	$\ln T_4$	$\ln T_5$	$\ln T_6$
回归系数	0.468	0.134	0.225	0.167	0.37

（四）模型结果分析

（1）非交通投资和劳动以及交通投资和劳动，与海洋经济总产值之间都有正向相关关系，均是促进宁波海洋经济增长的原因，但存在一定的滞后期。

（2）在交通投资的诸多变量中，涉及海铁联运的铁路和港口基础设施投资以及船舶装备投资，对海洋经济总产值具有较大的促进作用。其中，铁路里程增加 1 个单位，海洋经济总产值增加 0.468 个单位；港口投资增加 1 个单位，海洋经济总产值增加 0.134 个单位；船舶载重吨增加 1 个单位，海洋经济总产值增加 0.167 个单位。按照集装箱海铁联运系统的要素构成，铁路里程和港口投资、船舶载重吨同时增加 1 个单位，则海洋经济总产值将增加 0.769 个单位。可以说，海铁联运系统的投资有力地支撑了海洋经济的区域发展。

第三节　服务驱动机理的宁波实证

一、回归模型的建立

交通诱发转移作用机制认为，随着一地交通的发展，物流成本不断下降、信息化投入不断增加、交通基础设施建设不断完善，会诱发潜在的经济需求增长，同时也会吸引其他区域的经济向交通条件更发达的区域转移[60]。同样，可以假设海铁联运服务水平的改善会对海洋经济产生诱发转移作用。基于这种假设，建立如下模型：

$$Z = c + b_1 F + b_2 I + b_3 T_1 + b_4 T_2 + b_5 T_3 + b_6 T_4 + b_7 T_5 \tag{4-6}$$

其中，Z 表示新增海洋经济总产值；F 表示海铁联运成本变动，主要指集装箱运输费用变动；I 表示信息化投入，是指宁波海铁联运物联网和电子口岸建设投入；T_1 表示新增公路里程；T_2 表示新增铁路里程；T_3 表示新增港口投资；T_4 表示汽车载重吨增加数；T_5 表示船舶载重吨增加数。

模型数据来源于《宁波统计年鉴（2012 年）》《宁波交通运输统计年鉴（2012 年）》《浙江省港航统计年鉴（2012 年）》《中国海洋统计年鉴（2011 年）》和《宁波海洋经济统计数据（2012 年）》。首先使用 SPSS 19.0 软件对原始变量进行无量纲化处理，得到 Z^*、F^*、I^*、T_1^*、T_2^*、T_3^*、T_4^*、T_5^*，它们分别为 Z、F、I、T_1、T_2、T_3、T_4、T_5 标准化后的变量。对标准化后的自变量进行主成分分析来剔除自变量相互之间可能存在的多重共线性。根据特征根大于 1，提取四个主成分，贡献率达到 89.385%，对标准化后的原始变量解释程度分别达到 95.0%、92.1%、94.7%、84.5%、93.7%、91.8%、73.8%，较为全面地概括了所有变量中的信息，主成分 P 的表达式为

$$P = -0.188F^* + 0.052I^* + 0.163T_1^* + 0.263T_2^* + 0.2T_3^*$$
$$+ 0.317T_4^* + 0.117T_5^* \tag{4-7}$$

变量前系数即为它的权重。可见，集装箱运输费用变动与 P 反向变动，其他指标均与 P 同向变动，且权重从大到小依次为汽车载重吨增加、铁路里程增加、港口投资增加、集装箱运输费用下降、公路里程增加、船舶载重吨增加、信息化投入。

二、模型的检验

首先，对变量进行单位根检验，结果如表 4-5 所示。

表 4-5　ADF 检验结果

变量	(c, t, k)	ADF 检验量	关系	ADF 临界值	P 值	结论
Z^*	(1,1,1)	-2.927	$>$	-3.590	0.215	非平稳
P	(1,1,1)	-2.971	$>$	-3.590	0.204	非平稳
$\mathrm{d}Z^*$	(1,1,1)	-3.856	$<$	-3.702^*	0.088	平稳
$\mathrm{d}P$	(1,0,2)	-3.277	$<$	-1.598^*	0.057	平稳

其中,dZ^*、dP 分别表示 Z^* 和 P 的一阶差分,c、t、k 分别表示单位根检验中的截距项、趋势项和滞后阶数,滞后期的选择采用 SIC 原则,* 表示在 10% 的水平下显著。由表 4-5 可见,变量 Z^* 和 P 存在单位根,时间序列不平稳;一阶差分后,变量 dZ^* 和 dP 均在 10% 的显著水平下平稳。

进行协整检验,结果如表 4-6 所示。

表 4-6　Johansen 协整检验结果

变量	协整关系	特征值	秩统计量	5%临界值	P 值	结论
Z^* 和 P	没有	0.987	35.558	18.398	0.0000	拒绝原假设
	至多一个	0.061	1.028	3.841	0.3196	接受原假设

由表 4-6 可见,两个变量在 5% 的水平上存在一个协整关系,即 Z^* 和 P 之间存在长期稳定的均衡关系。

进行格兰杰因果检验,结果如表 4-7 所示。

表 4-7　格兰杰因果检验结果

滞后阶数	原假设	F 统计量	P 值	结论
1	P 不是 Z^* 的格兰杰原因	12.136	0.013	拒绝
	Z^* 不是 P 的格兰杰原因	1.496	0.267	接受

由表 4-7 可见,滞后一阶时,P 是 Z^* 的格兰杰原因,Z^* 不是 P 的格兰杰原因,表明海洋经济总产值的新增和海铁联运服务的改善互相影响,但存在一定的滞后期。

三、回归结果分析

(一)回归结果

基于以上检验的结果,将 P 对 Z^* 进行回归分析得

$$Z^* = 0.516P \qquad (4\text{-}8)$$
$$(18.227)^{***}$$
$$R^2 = 0.945, \quad D.W. = 2.58$$

注:*** 表示在 1% 的水平下显著。

回归方程拟合优度较高,回归系数显著,$D.W.$ 值在区间 $(dU, 4\text{-}dU)$

内,表明模型无序列相关性。

把式(4-7)代入式(4-8),并将方程中标准化后的变量替换为原始变量得

$$Z=1665.395-356.989F+326.03I+0.116T_1+7.64T_2$$
$$+14.262T_3+34.766T_4+3.703T_5 \qquad (4-9)$$

(二)主要结论

(1)集装箱运输费用的变动、信息化的投入,以及与海铁联运相关的公路、铁路、水路交通基础设施和装备的改善,与海洋经济总产值的增加具有相关关系。其中,集装箱运输费用变动与海洋经济总产值增加呈反比,其他变量与海洋经济总产值增加呈正比。可以得出,宁波海铁联运服务水平的提高,能够增强宁波海洋经济在区域的竞争力。

(2)在海铁联运服务影响海洋经济总产值增加的诸因素中,集装箱运输费用下降幅度和信息化投入增加幅度是关键的两个因素,其次是汽车载重吨和港口投资的增加幅度。事实上,近十年来宁波打造了港口 EDI、电子口岸、海铁联运物联网三个错位发展的物流信息平台,引进了 IBM等一批著名的物流信息系统服务商,涌现了 GPS 调度指挥、集装箱甩挂双重、网上订舱、无纸化通关等先进的港航物流组织模式,有效地降低了港航物流成本。可以说,海铁联运的信息化投入和物流服务效率的提高,提升了海洋产业发展质量[61]。

第四节　需求拉动机理的宁波实证

一、影响货主选择海铁联运方式的主要因素

对于货主而言,影响其是否选择集装箱海铁联运方式和线路的因素是多方面的,除受习惯、文化、风俗、人脉等因素影响外,其主要是由运输费用、运输时间、运输安全、班轮航线和运输环境因素所决定的。这些因素通过一定方式的组合,构成了货主的效用;只有海铁联运的方式和线路实现了效用最大化,货主才会最终选择海铁联运[62]。

(一)运输费用

运输费用是指托运人向承运人支付的集装箱海铁联运服务的全部费

用,主要包括铁路和海路以及公路短驳运费、装卸、搬运等环节费用。运输费用是国际贸易成本的重要组成部分,是反映海铁联运服务的经济性指标,在国际集装箱的运价条款中一般采用集装箱堆场到集装箱堆场的形式(CY/CY)。不同的货主对运价的敏感性是不一致的,高附加值货物对运价的承受能力较强;反之,低附加值货物对运价的敏感性较高。比如,对宁波本地货主的调查表明,煤炭、金属矿石等大宗货物品类对于运输费用的敏感度极高,大宗散货的运输费用指标权重为 0.5693;而集装箱货物对于运输费用的敏感度相对较低,指标权重仅为 0.3008。

一般而言,运输费用与运输距离呈正相关关系,运输距离越长,运输费用越高。根据 2009 年长三角港口群集装箱多式联运的运价调查(见表4-8),使用 SPSS 19.0 软件,对不同运输方式和线路的运输费用及运输距离数据进行回归分析,进一步验证了运输费用与运输距离的正相关关系。

1. 海铁联运铁路段运价与运输距离的关系

海铁联运铁路段采用集装箱运输一口价形式,是指集装箱自进发站货场至出到站货场铁路运输全过程各项费用的总和,包括门到门运输取空箱、还空箱的站内装卸作业、专用线取送车作业、港站作业的费用和经原铁道部确认的集装箱、货场、转场货场费用。集装箱一口价由发送运输费用、发站其他费用和到站费用三部分组成。以不同线路 20 英尺重箱集装箱运输一口价为样本,经回归分析发现,运价与运输距离之间呈典型线性关系,相关系数为 0.963,回归方程为式(4-10),如图 4-2 所示。

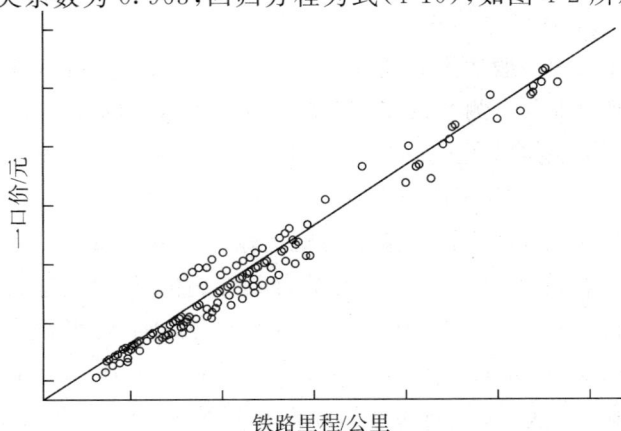

图 4-2　海铁联运铁路段运价与运输距离间的数量关系

$$y=534.478+2.03x \tag{4-10}$$

式中：y 表示运输费用（元）；x 表示运输距离（公里）。以下同。

2. 江海联运运输费用与运输距离的关系

江海运输一般采用 CY/CY 运价形式，即堆场到堆场方式，是指承运人在装货港集装箱堆场接收整箱货物并负责运至卸货港集装箱堆场整箱交付收货人。以不同航线 20 英尺重箱 CY/CY 运价为样本，经回归分析发现，运输费用与运输距离之间呈典型线性关系，相关系数为 0.979，回归方程为式(4-11)，具体如图 4-3 所示。

$$y=334.567+0.764x \tag{4-11}$$

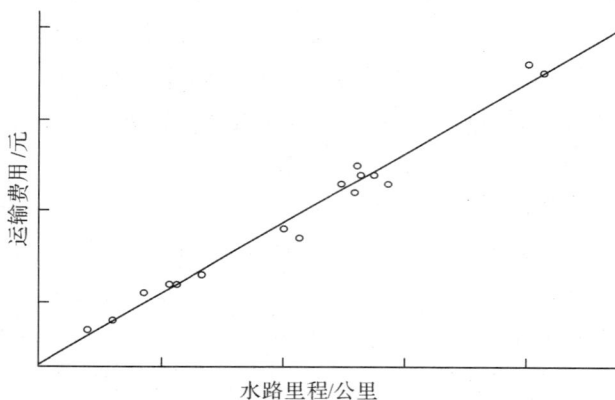

图 4-3　江海联运运输费用与运输距离间的数量关系

3. 公路运输费用与运输距离的关系

公路运输采用一般运价形式，仅是集装箱运输价格，而不包括两端的装卸费用。根据调研资料测算，20 英尺集装箱公路运价约 3.5 元/TEU·km，因此，运输费用与运输距离之间呈典型线性关系，具体方程见式(4-12)。

$$y=3.5x \tag{4-12}$$

从上述分析可以看到，运输费用与运输距离间呈现线性关系，没有反映出递远递减和规模经济的运输特征，而且公路、海铁联运、江海联运三个方程斜率依次递减，即 20 英尺重箱运距每增加 1 公里，公路运价增加 3.5 元，海铁联运运价增加 2.03 元，江海联运运价增加 0.764 元。

不同运输方式和线路的运输费用及运输时间如表 4-8 所示。

表4-8　不同运输方式和线路的运输费用及运输时间

内陆城市	沿海港口	重箱运价（元）			空箱运价（元）			单程运营作业时间（天）			单程全部运输时间（天）		
		江海	海铁	公路	江海	海铁	公路	江海	海铁	公路	江海	海铁	公路
南昌	洋山	1550	1780	3055	0	615	3055	2	1	0.55	3	5	1
	宁波	1300	1560	3052	0	560	3052	2	1	0.55	3	5	1
	广州	2200	1935	3062	0	541	3062	5	1	0.55	7	5	1
	盐田	2300	2297	3559	0	914	3559	5	1	0.63	7	5	1
武汉	洋山	1550	2274	3528	0	752	3528	3	1	0.63	4	6	1
	宁波	1300	2116	3598	0	715	3598	3	1	0.63	4	6	1
	广州	2300	2379	4288	0	687	4288	6	1	0.75	8	6	1
	盐田	2400	3185	4851	0	1146	4851	6	1	0.84	8	6	1
重庆	洋山	2750	3892	7630	0	1247	7630	5	2	1.5	6	11	2
	宁波	2500	3672	7906	0	1192	7906	5	2	1.6	6	11	2
	广州	3500	3295	6626	0	963	6626	8	2	1.2	10	9	2
	盐田	3600	3938	7196	0	1422	7196	8	2	1.5	10	10	2
成都	洋山	3950	4563	8778	1190	1456	8778	6	3	1.5	8	13	2
	宁波	3700	4344	8848	1190	1402	8848	6	3	1.6	8	12	2
	广州	4700	3909	7700	1190	1154	7700	9	2	1.4	11	11	2
	盐田	4800	4551	8270	1190	1613	8270	9	3	1.5	11	11	2
合肥	洋山	1550	1462	1788	560	515	1788	2	1	0.4	3	4	1
	宁波	1300	1359	2317	560	495	2317	2	1	0.5	3	4	1
	广州	2200	2450	4914	560	693	4914	5	1	0.8	7	7	1
	盐田	2300	2838	5386	560	1074	5386	5	1	0.9	7	7	1

注：海铁联运的运输时间是指铁路部门给出的运输期限。

（二）运输时间

运输时间是指集装箱海铁联运全程所需要的时间,反映了国际集装箱运输的快速性和及时性,包括运营作业时间和非运营作业时间。其中,运营作业时间包括途中运输时间、装卸时间和辅助作业时间,非运营作业时间主要是等待时间。前者由特定运输方式和运载工具的技术特性决定,后者则受运输组织方式的影响。在国际贸易中,买方常常对运输时间有着明确而严格的要求。保证集装箱货物送达的准点、及时是托运人的普遍要求,有时货物送达晚点会直接造成托运人的经济损失。

（三）运输安全

运输安全是指货物在海铁联运过程中保证完好足量地送至目的地,避免货物出现丢失、损坏、污染等货损和货差情况。运输途中天气、海浪等不可抗力、装卸、运输设施设备和工艺的先进性、工人的熟练程度以及换装次数的多少等,都会影响运输质量。

（四）班轮航线

由于班轮公司长期形成的世界海运垄断地位,其产品的设计和海运运价的制定,往往会引导货主选择相应的运输方式,并影响海铁联运线路的走向。相应地,港口国际航线数量和航班密度越高,货主选择该港口的可能性就越大。比如,班轮公司对上海港至美国航线的进出口集装箱下调海运费、不再额外收取码头操作费和增加航班数量的措施,会提高上海港的货源吸引力。

（五）运输环境

运输环境主要包括同一OD起讫对下不同运输方式和线路的通过能力,公路、水路和铁路的运输政策以及通关环境等方面内容。比如,交通运输部在《关于促进国际集装箱内支线运输发展的若干意见》中对航运公司内支线的优惠政策、高速公路通行费计重收费和铁路限制口等的运输政策,会影响不同运输方式和线路的选择,不同口岸的监管条件、查验方式以及口岸间的协作关系会影响通关便捷程度。运输环境对海铁联运方式和线路选择的影响,一般是通过运输费用和运输时间两项指标反映出来的,会直接影响交易成本。

二、主要影响因素的优先级

通过走访宁波市的主要货主和货代企业,采用专家打分法,得到表4-9关于运输费用、运输时间、运输安全、班轮航线和运输环境的评判矩阵。

表 4-9　评判矩阵

指标	运输费用	运输时间	运输安全	班轮航线	运输环境
运输费用	1	5	7	7	7
运输时间	0.2	1	5	5	5
运输安全	0.142857	0.2	1	1	1
班轮航线	0.142857	0.2	1	1	1
运输环境	0.142857	0.2	1	1	1

注:使用1-9标度方法,对不同情况的定性语言评比给出数量标度。详细标度及其定义如表4-10所示。

表 4-10　1-9 标度定义与说明

标　度	定义与说明
1	两个元素对某个属性具有同样重要性。
3	两个元素比较,一元素比另一元素稍微重要。
5	两个元素比较,一元素比另一元素明显重要。
7	两个元素比较,一元素比另一元素重要得多。
9	两个元素比较,一元素比另一元素极端重要。
2,4,6,8	表示需要在上述两个标准之间折中时的标度。

运用层次分析法,得到影响海铁联运的方式和线路选择的五个因素权重,即运输费用所占权重为0.554,运输时间所占权重为0.254,运输安全、班轮航线和运输环境所占权重均为0.064,该评判矩阵的随机一致性指标CR为0.046,小于0.1,通过一致性检验。因此,现阶段运输费用是影响货主选择海铁联运方式和线路的首要因素,其次是运输时间。

现代物流强调的是物流链的分工协作和整体优化,追求低成本、高时效。但从主要影响因素的优先级排序上可以看出,目前货主仍处在追求低成本目标阶段,对物流的快捷性和及时性目标重视不够,这也从侧面反映出我国存在着一定的产能过剩,符合当前经济特征。

第五章

港口集装箱海铁联运腹地的划分

≫ ≫ ≫　　≫

港口集装箱海铁联运腹地的划分问题,理论上可以描述为:集装箱在一定区域的交通运输网络中,进行 OD 点对间的运输方式剖分和路线选择问题。按照区域交通规划理论,一般包括 5 个基本步骤,即集装箱运输与交通网现状的调查与分析,未来集装箱运量、流量与流向预测,集装箱运量在各种运输方式间的合理分配,交通网规划和主要建设工程项目的基本方案,集装箱运输路线的选择和运量分配。

第一节　港口腹地划分的一般方法

传统的港口腹地划分方法,主要是行政区划法、经济区域法、圈层结构划分法和点轴法,但其主观性、经验性强,定量分析不足。随着区域交通规划理论的发展,网络分配法和引力模型法被应用到港口腹地划分中。

一、网络分配法

对于区域交通运输网络中 OD 点对间的运输方式剖分和路线选择问题,许多学者在运输网络的基础上,建立了相应的最短路模型、整数规划模型和双层规划模型,并研究了可行的算法。

姜军等通过对集装箱多式联运网络的描述和相应变形,建立了多式联运虚拟运输网络,然后以多式联运网络系统性能指标最优为目标建立了模型,并采用改进的遗传算法作为求救算法。系统性能指标被定义为各运输方式运输费用和运输时间的线性加权之和,针对不同货物可分别赋予不同的权重系数。运输总费用包括运输费用、中转费用、延迟管理费用;运输总时间包括运输时间、中转时间、延迟时间[63]。佟璐等基于运输成本、运输时间、运输质量和服务水平等相关因素的考虑,将多式联运路径优化问题转化为广义最短路问题[64]。张燕等考虑运输费用和运输时间两个目标,通过集装箱海铁联运虚拟网络的构建,将最优路径的选择问题转化为双目标的最短路问题,建立双目标的整数规划模型,并采用双目标的标签设置算法进行求解[65]。谢双乐以大连港为例,构建多种运输方式的路径选择模型,并用改进的 Dijkstra 算法进行求解,以海铁联运为最优路径的货源地集合得出港口腹地范围,并揭示了点轴理论下以海铁联运为轴的港口腹地空间结构演化过程[66]。魏航等在网络变形的基础上,建立了时变网络条件下多式联运最短路模型[67]。Delling 等提出了基于改进 Dijkstra 算法的大规模网络路径优化的方法[68]。Angelica 和 Giovanni(2001)设计了顺序算法来求解多式联运最短路可行路径问题[69]。

二、引力模型法

港口腹地划分的引力模型认为,港口与腹地城市之间的引力,与双方经济运距的平方呈反比、与双方"质量"呈正比关系。杨家其采用引力模型与模糊综合评判模型相结合的方法,来确定港口对腹地的吸引力和其服务范围[70]。

港口集装箱海铁联运腹地,是其海铁联运综合服务竞争力的空间反映。腹地的划分应同时考虑三个方面的因素:一是港口与全国其他沿海港口在海铁联运线路方面的竞争水平;二是港口自身海铁联运与公水联运、江海联运方式方面的竞争水平;三是港口腹地范围内的集装箱运输需求水平。对竞争水平的衡量,运输费用和运输时间是主要的参比指标。

港口集装箱海铁联运腹地是一个动态的空间描述,其随着海铁联运竞争力的变化和腹地集装箱运输需求水平的变化而变化。下面以宁波港为例,分别从海铁联运竞争力变化,以及综合考虑海铁联运竞争力和腹地集装箱运输需求变化两个方面,来探讨港口集装箱海铁联运的合理腹地。

第二节　基于通路分析的宁波港集装箱海铁联运腹地划分

在集装箱海铁联运系统的要素中,铁路是其中较重要的基础设施。随着宁波港后方铁路的大规模建设,港口通往腹地的铁路通路会更加通畅,部分地区铁路运距也会有所缩短。因此,单从集装箱海铁联运系统来看,铁路网的变化,引起了系统功能和产出的变化,从而改变了海铁联运的竞争力,使港口集装箱海铁联运的腹地发生了变化。下面根据宁波海铁联运规划研究的相关结果,在假设不同联运方式海运段的运输费用和运输时间都一致的条件下,从现今和未来这两个时间节点的铁路网状况出发,来分析宁波港集装箱海铁联运的合理腹地。

一、交通运输网络的构建

以港口腹地为 O 点,以港口为 D 点,以 OD 点对间的多式联运方式和线路为路径,构建划分宁波港集装箱海铁联运腹地的交通运输网络。

(一)与宁波港竞争的港口

按照《全国沿海港口布局规划》,全国集装箱大港主要有 9 个,分别为大连港、天津港、青岛港、苏州港、上海港、宁波港、厦门港、广州港、深圳港,其中宁波港属于长三角港口群中的集装箱主干线港。考虑大连港、天津港、广州港在空间格局上与宁波港不具备竞争关系,以及苏州港主要为集装箱内贸港,故在比较时不再纳入比较对象。考虑福州港为东南沿海港群的主要集装箱港,且其与宁波港有较强的竞争关系,故在比较时将福州港纳入比较对象。考虑连云港港是我国海铁联运的大港,其占自身港口集装箱吞吐量的比重也仅次于青岛港,远高于全国平均水平,故在比较时也将连云港港纳入比较对象。因此,选择这 7 个港口作为 D 点。

(二)宁波港的可能腹地

通过空间直线距离的比较分析,宁波港的可能腹地主要包括浙江、江西北部、安徽南部、河南南部、湖北、湖南北部、重庆、贵州、四川、陕西南部、甘肃、西藏、青海、新疆等省(自治区),即基本是以长江为中轴的一段狭长区域,并向西呈喇叭状开放至整个西北地区。为了对所有可能腹地做全面分析,不妨以可能腹地的省会城市(直辖市)为 O 点进行初步比较,其中宁波港覆盖的主要省会城市(直辖市)有杭州、合肥、南昌、武汉、长沙、重庆、贵阳、成都、西安、兰州、拉萨、西宁、乌鲁木齐;然后,根据省会城市比较结果以及空间分布,进一步划分优势腹地(指相比较而言在竞争力影响因素综合权衡上具有显著优势的腹地)和可竞争腹地(指相比较而言在竞争力影响因素综合权衡上有一定竞争力,但须通过政府引导、运价优惠、服务改善等方式争取市场的腹地)。

二、基于现今铁路网的合理腹地

基于铁路网现状(2013 年),通过海铁联运不同线路以及海铁联运和不同联运方式的运输费用或运输时间的比较,综合判断宁波港集装箱海铁联运的合理腹地范围。

(一)同一腹地与不同港口间的海铁联运线路比较

在集装箱海铁联运线路的竞争力比较中,权重最高的运输费用是比较的主要指标。海铁联运运输费用的差别,主要集中在铁路运输全程费用以及港口端的"短驳"费用上,因此,只对这两块费用做比较。根据第四章运输费用与运输里程的关系研究可知,铁路运费、运输时间与运距具有正相关关系,故可直接以运距作为铁路运费和运输时间比较的标准(事实上,铁路运输时间还与线路技术标准、运输组织方式等密切相关,难以准确计算)。

1. 基于铁路运距和港口短驳费用比较的合理腹地

以铁路网现状为基础,对可能腹地与相关港口的铁路运距的比较如表 5-1 所示(由于青海、西藏、新疆与港口间的铁路通路基本都经过兰州,故只比较兰州,不比较拉萨、西宁和乌鲁木齐)。

表 5-1　基于铁路网现状的腹地城市与各港口的通路情况

腹地城市	铁路服务	宁波港	上海港	福州港	深圳港	厦门港	青岛港	连云港港
杭州	里程（公里）	146	186	—	—	—	—	—
	通路	萧甬线	沪昆线					
	标准（公里/时）	110～120	120～140					
合肥	里程（公里）	572	557				798	535
	通路	淮南线宣杭线萧甬线	淮南线宁芜线京沪线	—	—	—	京沪线陇海线胶新线	淮南线京沪线东陇海
	标准（公里/时）	100～140	100～160	—	—	—	100～120	80～160
南昌	里程（公里）	778	818	603	917	835	—	—
	通路	沪昆线萧甬线	沪昆线	沪昆线峰福线	京九线	沪昆线鹰厦线		
	标准（公里/时）	110～120	120～140	80～120	120	80～120		
武汉	里程（公里）	1006	991	970	1238	1202	1039	801
	通路	武九线铜九线淮南线宣杭线萧甬线	武九线铜九线宁芜线京沪线	武九线京九线沪昆线峰福线	京广线	武九线京九线沪昆线鹰厦线	京九线青阜线陇海线胶新线	京九线青阜线东陇海
	标准（公里/时）	100～200	160～200	80～120	110～140	80～120	120～160	80～160
重庆	里程（公里）	2009	1994	1959	1853	2191	2027	1764
	通路	襄渝线宁西线淮南线宣杭线萧甬线	襄渝线宁西线淮南线宁芜线京沪线	渝怀线沪昆线峰福线	渝怀线沪昆线京广线	渝怀线沪昆线鹰厦线	襄渝线京九线徐阜线陇海线胶新线	襄渝线宁西线青阜线东陇海
	标准（公里/时）	80～140	80～200	80～120	80～140	80～120	100～160	60～160

腹地城市	铁路服务	宁波港	上海港	福州港	深圳港	厦门港	青岛港	连云港港
贵阳	里程（公里）	1985	2025	1810	1704	2042	—	—
	通路	沪昆线 萧甬线	沪昆线	沪昆线 峰福线	沪昆线 京广线	沪昆线 鹰厦线	—	—
	标准（公里/时）	110～120	120～140	80～120	110～140	80～120	—	—
成都	里程（公里）	2105	2090	2243	2206	—	2123	1860
	通路	达成线 襄渝线 宁西线 淮南线 宣杭线 萧甬线	达成线 襄渝线 淮南线 宁芜线 京沪线	达成线 沪汉蓉 武九线 京广线 沪昆线 峰福线	达成线 沪汉蓉 石长线 京广线	—	达成线 襄渝线 京九线 徐阜线 陇海线 胶新线	达成线 襄渝线 宁西线 青阜线 东陇海
	标准（公里/时）	80～140	80～200	80～200	110～200	—	100～160	60～160
西安	里程（公里）	1532	1517	—	—	—	1386	1123
	通路	宁西线 淮南线 宣杭线 萧甬线	宁西线 淮南线 宁芜线 京沪线	—	—	—	陇海线 胶新线	陇海线 东陇海
	标准（公里/时）	80～140	80～200	—	—	—	120～140	120～140
兰州	里程（公里）	2225	2210	—	—	—	1831	1816
	通路	陇海线 宁西线 淮南线 宣杭线 萧甬线	陇海线 宁西线 淮南线 宁芜线 京沪线		—	—	太中银 石太线 石德线 胶济线	陇海线 东陇海
	标准（公里/时）	80～140	80～200	—	—	—	110～160	120～140
长沙	里程（公里）	1140	1180	965	859	1197	—	1157
	通路	沪昆线 萧甬线	沪昆线	沪昆线 峰福线	京广线	沪昆线 鹰厦线	—	京广线 京九线 青阜线 东陇海
	标准（公里/时）	110～120	120～140	80～120	110～140	80～120	—	80～160

　　从表 5-1 可看出,除杭州外,宁波港与其他所有可能腹地城市的铁路运距均不占优势。如果以同一腹地城市与不同港口间的最短铁路运距为基准,计算宁波港至该腹地城市的运距与该腹地城市至其他港口最短铁路运距的运距差,可以得出:杭州至宁波港的运距比至其他港口最短运距短 40 公里;合肥至宁波港的运距比至其他港口最短运距长 37 公里,其次分别是南昌 175 公里、武汉 205 公里、重庆和成都 245 公里、长沙和贵阳 281 公里。参考铁路运距差比较优势中的位次排名,杭州位于第一位,合肥位于第二位,南昌位于第三位。

　　如果综合考虑表 5-2 所示的港口短驳费用,除上海港、福州港外,其他港口都具有铁路支线延伸至港区的设施条件,其短驳费用应相差不大。以目前所掌握的费用情况来看,宁波港短驳费用平均约 200 元/TEU,上海港短驳费用平均约 600 元/TEU,即宁波港与上海港短驳费用差约 400 元/TEU。福州港短驳运距远超上海港,按保守估计,其短驳费用比宁波港至少高出 400 元/TEU。因此,在不考虑集装箱一口价下浮的情况下,按目前铁路集装箱运价 2.14 元/(TEU·km)计,南昌至宁波港的铁路运距与最短运距的差会比原来少 186 公里。综合比较铁路运费和港口短驳费用,杭州、南昌为宁波港集装箱海铁联运的绝对优势地区。

表 5-2　主要集装箱海铁联运竞争港口的运输质量情况

港口	港口短驳条件	班列情况	港口条件	班轮航线
宁波港	北仑支线延伸至北仑港区码头	鹰潭、台州	现有集装箱泊位 19 个,通过能力为 770 万 TEU	欧美航线 85 条
上海港	芦潮港中心站距洋山港区超过 40 公里	成都、合肥、蚌埠、长沙、西安、郑州、重庆、义乌、南京、温州、宁波、南昌、昆明	规划洋山北港集装箱泊位 23 个,通过能力 1330 万 TEU	欧洲、南美、北美、非洲、中东
福州港	马尾专用线只延伸至马尾港区码头,到江阴港区需短驳或选用海上巴士运输,运距约 80 公里	尚无班列开行	规划江阴港区集装箱泊位 13 个,通过能力为 450 万 TEU	西非、欧洲地中海、中东

港口	港口短驳条件	班列情况	港口条件	班轮航线
深圳港	平盐铁路延伸至中港区	成都、长沙、南昌、昆明、醴陵、韶关、广州	规划盐田港区集装箱泊位30个,通过能力1800万TEU	欧美航线107条
厦门港	专用线延伸至港区	赣州、永安、醴陵、鹰潭、南昌	规划海沧港区为主要集装箱远洋运输	欧洲、北美17条远洋航线
青岛港	专用线延伸至港区	郑州、西安、成都、太原	规划前湾港区集装箱泊位13个	欧洲、北美、中亚28条远洋航线
连云港港	专用线直通港区	乌鲁木齐、西宁、郑州、西安、成都	规划连云港港区集装箱泊位21个,通过能力为1100万TEU	北美、欧洲、地中海、中东、东南亚

2.叠加政府补贴政策下的合理腹地

海铁联运的政策性补贴,会进一步扩大合理腹地的优势地区。当补贴达到100元/TEU,合肥将纳入优势地区;当补贴达到400元/TEU,武汉将纳入优势地区;当补贴达到500元/TEU,重庆、成都将纳入优势地区;当补贴达到600元/TEU,长沙、贵阳将纳入优势地区;当补贴达到800元/TEU,西安、兰州将纳入优势地区。

3.叠加其他因素下的合理腹地

在第四章的"第四节 需求拉动机理的宁波实证"中,已经发现影响货主选择海铁联运方式的主要因素除运输费用和运输时间外,还有运输安全、班轮航线和运输环境等涉及运输质量方面的其他因素。综合考虑表5-2中集装箱海铁联运的班列情况、港口条件以及班轮航线数量和频次,最具可比性的城市是长沙和武汉。考虑长沙因已开通至深圳港的班列以及深圳港的良好港口和远洋班轮条件,其不可能纳入优势地区,也非重点可竞争地区。武汉属于众多港口都还没有开发班列的边缘地区,其水运条件优势明显;与连云港港相比,宁波港欧美航线占有优势,加上其铁路运输线路速度标准相对较高,有利于快速班列的组织运输,故可将武汉纳入重点可竞争地区。

综上,经综合因素比较,宁波港集装箱海铁联运的优势地区包括杭州、南昌和合肥,据此通过空间分布及铁路网络分析,宁波港集装箱海铁联运的优势腹地为浙江(不含嘉兴地区)、江西北部和安徽南部(含合肥)区域。余下的湖北、湖南北部、河南南部、重庆、贵州、四川、陕西南部、青海、西藏、新疆等为可竞争腹地,其中,湖北为可竞争腹地的重点地区。

（二）同一 OD 点对下不同运输方式的比较

1. 与公水联运比较

统计资料显示,铁路货运平均运距基本都维持在 800 公里以上,这表明铁路与公路竞争的地区在运距 800 公里之内。

当前,实际操作中同一 OD 点对下的海铁联运和公水联运均考虑空箱调运的情况,因此应在同一 OD 点对间往返运输的模式下,来比较海铁联运与公水联运的临界里程。根据第四章表示运输费用与运输里程关系的式(4-10)和式(4-12),同时考虑海铁联运方式下,空箱运价按重箱一口价的 50% 测算,宁波港公路短驳运输费用为 200 元/TEU,发站 O 点到空箱装货地点的公路短驳运输费用为 200 元/TEU,计算得出,海铁联运和公水联运往返运输的里程临界点约为 607.7 公里。即 OD 点对间的运距在 303.8 公里以内,公水联运具有较好的运价优势;若超过 303.8 公里,海铁联运具有较好的运价优势。实践也表明,在 300 公里内集装箱公路运输具有较高的价格优势和机动灵活性,但在中、远距离上,与海铁联运、江海运输方式相比不具备竞争优势。

基于此,可圈定比较区域为安徽南部、浙江和江西北部三个地区。从中选取几个主要城市进行运输费用和时间的比较,主要是沪昆铁路沿线的南昌、鹰潭、上饶、衢州、金华,比较结果如表 5-3 所示。

表 5-3　海铁联运与公水联运的比较

城市	海铁联运			公水联运			运费差（海铁联运－公水联运,元/TEU）	时间差（海铁联运－公水联运,小时）
	运输费用（重去空回,元/TEU）	运输时间（单程,小时）	铁路运距（公里）	运输费用（重去空回,元/TEU）	运输时间（单程,小时）	公路运距（公里）		
南昌	3186	158	778	4850	48	691	－1664	110
鹰潭	3000	106	637	3600	24	534	－600	82

城市	海铁联运			公水联运			运费差（海铁联运－公水联运，元/TEU）	时间差（海铁联运－公水联运，小时）
	运输费用（重去空回，元/TEU）	运输时间（单程，小时）	铁路运距（公里）	运输费用（重去空回，元/TEU）	运输时间（单程，小时）	公路运距（公里）		
上饶	2664	83	533	3050	19	436	－386	64
衢州	2105	81	412	1950	16	323	155	65
金华	1876	86	330	1700	12	247	176	74

注：表中"运输时间"指从铁路货站到港口码头的全程运输时间；海铁联运费用不含腹地短驳费用，一般为200～1000元。

由于海铁联运铁路运输受铁路网布局限制，从沪昆铁路沿线至宁波港都须经杭州，而公路运输则可直接走甬金高速，运距将缩短80多公里，从而造成铁路运输存在先天的运距劣势。从表5-3中可看出，沪昆铁路上饶（含）以西区域是海铁联运的绝对优势区域。

从运输时间来看，海铁联运远不如公水联运快。若按运输费用和运输时间基本等权的结论来比较，海铁联运明显无法与公水联运竞争，但由于比较的运距不超过800公里，海铁联运的时间不超过7天船期限定，若合理安排运输，海铁联运仍具有竞争优势。

因此，海铁联运的优势腹地为300公里范围外的可能腹地所辖区域，余下的区域为可竞争腹地。

2. 与江海联运比较

一般来说，江海联运在运费上要大幅低于海铁联运。在宁波港海铁联运集装箱可能腹地中，武汉、重庆均位于长江边上，成都可通过长江开展江海联运，杭州可通过杭甬运河开展江海联运，但目前杭甬运河为四级航道，通航能力只有300TEU，只具备小规模发展江海联运，不再列入比较地区。

根据第四章表4-8的相关数据，沿江主要城市海铁联运与江海联运的运输费用和运输时间（非直达班列）如表5-4所示。显然，若不组织直达班列，沿江城市至宁波港在海铁联运上不具有任何优势。但若组织直达班列，铁路运输时间将大幅缩减，对时效性要求较高的货物有一定吸引力。从港口竞争来看,上海洋山港在内河运输上发展最好,已经开辟了武汉、重庆等航线,部分还能做到零费用运输,而宁波港尚未开发,只与南京开展了江海联运。因此,若能组织直达班列,成都海铁联运运费仅高出江海联运的17%,为最有可能纳入宁波港的可竞争地区,同时武汉、重庆等沿江城市具有一定竞争力,但高出近1倍的运费是其竞争的短板。

表5-4　沿江主要城市到宁波港海铁联运和江海联运的比较

城市	运输费用(重去空回,元/TEU)		费差(海铁联运 — 江海联运,元/TEU)	单程运营作业时间(天)		单程全部运输时间(天)	
	江海联运	海铁联运		江海联运	海铁联运	江海联运	海铁联运
武汉	1300	2831	1531	3	1	4	6
重庆	2500	4864	2364	5	2	6	11
成都	4890	5746	856	6	3	8	12

3. 与国际铁路联运比较

目前,渝新欧国际铁路联运大通道已成功开行渝新欧班列,开行频次为每周2次,全程运输时间约为13天。重庆至欧洲(德国)经宁波港的海铁联运以及通过渝新欧国际铁路联运大通道的运输费用和运输时间如表5-5所示。从运费上来看,海铁联运具有明显优势,但运输时间处于明显劣势。因此,对于时效性要求较高的高附加值货物,国际铁路联运将进一步分割宁波港的腹地市场。

表5-5　海铁联运与国际铁路联运的比较

去向	联运方式	单程运输费用(元/TEU)	单程运输时间(天)
重庆—德国	国际铁路联运	4.80万	13
	海铁联运	1.55万	28~35

(三)基于现今铁路网的宁波港集装箱海铁联运的合理腹地

根据上述两方面的比较研究,采用求交的方法可得出基于现今铁路网的宁波港集装箱海铁联运的优势腹地为距宁波港303.8公里以上的浙江省域、江西北部、安徽南部(含合肥)区域;可竞争腹地为扣除优势腹地后的浙江省域、湖北、湖南北部、河南南部、重庆、贵州、四川、陕西南部、青海、西藏、新疆等所构成的区域,其中,湖北为重点可竞争腹地。

三、基于未来铁路网的合理腹地

基于未来铁路网的宁波港集装箱海铁联运的合理腹地,是指基于2030年铁路网(由于中长期铁路网规划只做到了2020年,考虑2030年铁路网发展主要集中在城际铁路、快速铁路、铁路联络线、铁路支线等方面,对路网货运不会产生大的影响,故以中长期铁路网为基础),并假设到2030年的这段时期,海铁联运、公水联运和江海联运的运输费用与运输距离的函数关系保持不变,而且对应的运输时间也保持不变,通过相关运输费用或运输时间的比较而得到的宁波港集装箱海铁联运的合理腹地。

(一)同一腹地与不同港口间的海铁联运线路比较

同基于现今铁路网的腹地分析一样,基于未来铁路网的腹地分析应以未来所形成的铁路网为基础(路网结构变化见前面路网规划部分),对可能腹地与相关港口的运距比较如表5-6所示。

表5-6　基于未来铁路网的腹地城市与各港口的通路情况

腹地城市	铁路服务	宁波港	上海港	福州港	深圳港	厦门港	青岛港	连云港港
杭州	里程(公里)	146	186	—	—	—	—	—
	通路	萧甬线	沪昆线					
	标准(公里/时)	110~120	120~140					
合肥	里程(公里)	572	512	—	—	—	798	535
	通路	淮南线宣杭线萧甬线	淮南线宣杭线湖嘉线沪昆线	—	—	—	京沪线陇海线胶新线	淮南线京沪线东陇海
	标准(公里/时)	100~140	160~200				80~120	80~160

续表

腹地城市	铁路服务	宁波港	上海港	福州港	深圳港	厦门港	青岛港	连云港港
南昌	里程（公里）	598	818	588	917	756	—	—
	通路	沪昆线 甬金线	沪昆线	向莆线	京九线	向莆线 浦建龙 龙厦线		
	标准 （公里/时）	160～200	120～140	80～200	120	80～200	—	—
武汉	里程（公里）	795	929	919	1238	1123	1060	801
	通路	武九线 九景衢 沪昆线 甬金线	武九线 铜九线 宣杭线 湖嘉线 沪昆线	武九线 九景衢 衢宁线 沿海货运	京广线	武九线 京九线 向莆线 浦建龙 龙厦线	京九线 青阜线 陇海线 胶新线	京九线 青阜线 东陇海
	标准 （公里/时）	100～200	160～200	80～200	110～140	80～200	80～160	80～160
重庆	里程（公里）	1619	1753	1743	1587	1680	1884	1625
	通路	沪汉蓉 武九线 九景衢 沪昆线 甬金线	沪汉蓉 武九线 铜九线 宣杭线 沪昆线	沪汉蓉 武九线 九景衢 衢宁线 沿海货运	渝怀线 怀邵衡 京广线	渝怀线 怀邵衡 赣龙线 龙厦线	沪汉蓉 京九线 徐阜线 陇海线 胶新线	沪汉蓉 京九线 徐阜线 东陇海
	标准 （公里/时）	100～200	200	80～120	120～140	80～120	80～160	80～160
贵阳	里程（公里）	1805	2025	1810	1263	1531	—	—
	通路	沪昆线 甬金线	沪昆线	沪昆线 峰福线	黔桂线 柳肇线	沪昆线 怀邵衡 赣龙线 龙厦线	—	—
	标准 （公里/时）	120～200	120～140	80～120	120～200	80～120	—	—

续表

腹地城市	铁路服务	宁波港	上海港	福州港	深圳港	厦门港	青岛港	连云港港
成都	里程（公里）	1967	2019	2091	1913	—	2119	1860
	通路	达成线 达万线 沪汉蓉 武九线 九景衢 甬金线	达成线 襄渝线 宁西线 淮南线 宣杭线 湖嘉线 沪昆线	达成线 达万线 沪汉蓉 武九线 九景衢 衢宁线 沿海货运	隆泸线 隆百线 黔桂线 柳肇线	—	达成线 襄渝线 宁西线 徐阜线 陇海线 胶新线	达成线 襄渝线 宁西线 青阜线 东陇海
	标准（公里/时）	100～200	110～200	80～200	80～200	—	80～160	60～160
西安	里程（公里）	1532	1446	—	—	—	1386	1123
	通路	宁西线 淮南线 宣杭线 萧甬线	宁西线 合宁线 京沪线	—	—	—	陇海线 胶新线	陇海线 东陇海
	标准（公里/时）	80～140	80～200	—	—	—	80～140	120～140
兰州	里程（公里）	2225	2139	—	—	—	1831	1816
	通路	陇海线 宁西线 淮南线 宣杭线 萧甬线	陇海线 宁西线 合宁线 京沪线	—	—	—	太中银 石太线 石德线 胶济线	陇海线 东陇海
	标准（公里/时）	80～140	80～200	—	—	—	110～160	120～140
长沙	里程（公里）	960	1180	965	859	891	—	1157
	通路	沪昆线 甬金线	沪昆线	沪昆线 峰福线	京广线	沪昆线 衡赣线 赣龙线 龙厦线	—	京广线 京九线 青阜线 东陇海
	标准（公里/时）	110～200	120～140	80～120	110～140	80～120	—	80～160

　　注：表中字体加粗之处表示与基于现今铁路网的腹地城市与港口的通路路径相比有变化。

　　从表5-6可看出，由于九景衢、甬金铁路的建成，运距占优的城市在原来杭州的基础上增加了武汉。以与比较优势第一位港口的铁路运距差为参考，南昌至宁波港运距比至其他港口最短运距仅长10公里，为最短运距差，其次是重庆32公里、合肥60公里、长沙101公里、成都107公里；以在比较优势中的位次为参考，南昌、重庆均位于第二位，排第三位的主要有合肥、长沙、成都和贵阳。

　　地方政府的政策补贴会继续给优势地区带来新变化。当补贴达到100元/TEU，合肥、重庆将纳入优势地区；当补贴达到200元/TEU，长沙、成都将纳入优势地区；当补贴达到600元/TEU，西安、兰州将纳入优势地区；当补贴达到1000元/TEU，贵阳将纳入优势地区。

　　因此，宁波港集装箱海铁联运的优势腹地为浙江（不含嘉兴地区）、江西北部、湖北区域和安徽东南部。余下的安徽西南部（含合肥）、湖南北部、河南南部、重庆、贵州、四川、陕西南部、青海、西藏、新疆等为可竞争腹地。与基于现今铁路网的优势腹地相比，优势腹地增加了湖北，但减少了安徽西南部。

　　（二）同一OD点对下不同运输方式的比较

　　1.与公水联运比较

　　根据之前海铁联运与公水联运运价比较分析，海铁联运具有比较优势的距离为303.8公里左右。由于未来铁路网的甬金铁路建成，宁波港至金华以远地区的铁路运输不必再绕道经过杭州，与公路运输具有同比性。考虑未来政府补贴是否取消难以确定，对优势腹地的分析宜不考虑政府补贴影响。按303.8公里计算，沪昆铁路途经之地上饶、宣杭铁路途经之地宣城、九景衢铁路途经之地常山、皖赣铁路途经之地黄山等将纳入优势区域。因此，海铁联运的优势腹地为303.8公里范围外的可能腹地所辖区域，余下的区域为可竞争腹地，需要给予政府补贴、加大运价优惠等才具备优势。另外，运距越短，海铁联运在时间上的劣势越明显。

　　2.与江海联运比较

　　同基于现今铁路网的分析一样，沿江城市与江海联运相比不具有很强的竞争力。

　　3.基于未来铁路网的宁波港集装箱海铁联运的合理腹地

　　根据上述两方面的比较研究，可得出基于未来铁路网的宁波海铁联运集装箱的优势腹地为距宁波港303.8公里以上的浙江省域、江西北部、湖北区域、安徽东南部；可竞争腹地为扣除优势腹地后的浙江省域、安徽西南部（含合肥）、湖南北部、河南南部、重庆、贵州、四川、陕西南部、青海、西藏、新疆等所构成的区域。

与基于现今铁路网的优势腹地相比，基于未来铁路网的优势腹地增加了湖北，但减少了安徽西南部。进一步表明湖北应作为基于现今铁路网的可竞争腹地的重点地区，同时应加大对安徽南部市场的培育和稳固，确保未来安徽市场在优势有所丧失的情况下仍能保持稳定[71]。

第三节　基于供需均衡的宁波港集装箱海铁联运腹地开发次序

集装箱海铁联运系统的开放性，要求在基于通路分析的宁波港集装箱海铁联运的腹地划分结论基础上，叠加考虑社会经济系统的腹地集装箱的运输需求变化因素，综合供给和需求两个方面，深入探讨港口集装箱海铁联运的合理腹地。本节运用聚类分析方法，在距宁波港 303.8 公里以上的腹地区域，具体选择南昌、武汉、重庆、成都、合肥五个城市，基于供需均衡的思想，确定宁波港集装箱海铁联运合理腹地的先后开发次序。

一、聚类分析方法

聚类分析又称群分析，它是研究（样品或指标）分类问题的一种多元统计方法，它在人们对社会、经济、技术系统的认识过程中有着广泛的应用。它从数据分析的角度，给出在同一分类过程中始终如一的定量方法，从而避免了普通分类中主观随意性大的弊端，是一种更加准确、更加细致的科学分类工具。聚类分析内容非常丰富，有系统聚类法、有序样品聚类法、动态聚类法、模糊聚类法、图论聚类法、聚类预报法等。

杨春梅等通过外部标准的表达数据集的试验表明：以欧氏（Euclidean）距离为相似性度量准则，C 均值聚类算法要优于分层聚类算法[72]。因此，本文采用模糊 C 均值聚类方法。

FCM 是一种实时聚类算法，简便且能处理大量数据。它以误差平方和函数为聚类准则函数，在将样本数据预先划分为指定 C 类和确定收敛条件的基础上，最小化聚类准则函数。FCM 运行前，必须进行初始化，预

先指定 c 个质心；然后，根据一定的相似度标准，按照最大隶属度准则，将每一个样本点分配到最接近或"相似"的质心，形成类；接着，再以每一类的平均矢量作为这一类新的质心，重新进行分配，反复迭代，直到满足收敛条件[73]。

（一）FCM 聚类准则函数及其最优性条件[74]

设有限论域 $U = \{u_1, u_2, \cdots, u_n\}$，属于 p 维欧氏空间 $\boldsymbol{R}^p$，即 $u_i \in \boldsymbol{R}^p (i = 1, 2, \cdots, n)$，则 FCM 聚类准则函数为

$$J_m(\mu, \nu) = \sum_{i=1}^{n} \sum_{k=1}^{c} (\mu_{ki})^m d_{ki}^2 \tag{5-1}$$

$$\sum_{k=1}^{c} \mu_{ki} = 1 \tag{5-2}$$

式中，$d_{ki} = \| u_i - v_k \|$ 为第 i 个样本数据点到第 k 类质心的距离；n 为样本数；c 为预先指定的类别数，并且 $1 < c < n$；m 为加权指数，它影响隶属度矩阵的模糊度，当它趋近于 1 时，聚类结果的模糊程度接近于传统的等数据算法，当它趋近于无穷大时，所有对象聚类的隶属度倾向于 c 的倒数，有研究表明[75]，m 的最佳取值范围为 $[1.5, 2.5]$，一般情况下可取中间值 2；v_k 为第 k 类质心坐标；$\mu_{ki} \in [0, 1]$ 表示第 i 个样本属于第 k 类的隶属度，并且满足式（5-2）。

由式（5-1）和式（5-2），可以构造如下广义拉格朗日函数：

$$\bar{J}(\mu, \nu, \lambda) = J_m(\mu, \nu) + \sum_{i=1}^{n} \lambda_i \left(\sum_{k=1}^{c} \mu_{ki} - 1 \right) \tag{5-3}$$

并利用无约束最优化方法，求得满足式（5-3）最小化的两个必要条件：

$$\mu_{ki} = \frac{1}{\sum_{j=1}^{c} \left[\dfrac{d_{ki}}{d_{ji}} \right]^{\frac{2}{m-1}}}, \quad (d_{ki} \neq 0) \tag{5-4}$$

$$v_k = \frac{\sum_{i=1}^{n} (\mu_{ki})^m u_i}{\sum_{i=1}^{n} (\mu_{ki})^m} \tag{5-5}$$

（二）FCM 具体计算步骤[76]

（1）设置迭代次数 $s=0$，以及迭代终止条件 ε；

（2）用区间［0,1］内的随机数初始化隶属矩阵 $\boldsymbol{\mu}^s$，使其满足式（5-1）的要求；

（3）用式（5-5）计算 k 个聚类质心 $\boldsymbol{v}_k$；

（4）用式（5-4）计算新的隶属矩阵 $\boldsymbol{\mu}^{s+1}$；

（5）如果 $\parallel \boldsymbol{\mu}^{s+1}-\boldsymbol{\mu}^s \parallel \leqslant \varepsilon$，则停止迭代；否则，令 $s=s+1$，转第 3 步，重新进行计算。

二、聚类分析的结果

聚类分析指标分为供给和需求两类指标。供给类，包括竞争性港口铁路运距差和江海与海铁运距差两个指标；需求类指标，包括进出口总额、社会消费品零售总额、进出口高附加值货物比重三个指标。

根据南昌、武汉、重庆、成都、合肥五个城市 2013 年度的进出口总额、社会消费品零售总额、进出口高附加值货物比重指标，综合考虑宁波港与腹地城市间不同运输方式、不同竞争港口间的运距差异（第四章研究表明，铁路、水路集装箱运价与运距呈现高度线性相关关系，因此采用运距差替代运输费用差），对宁波港开展集装箱海铁联运的腹地城市进行 C 均值聚类分析，如表 5-7 所示。结果表明，最适宜宁波港开展集装箱海铁联运的城市为南昌、合肥，其次为成都，最后为武汉、重庆。

表 5-7　宁波港集装箱海铁联运的腹地城市聚类结果

腹地城市	进出口总额（亿美元）	社会消费品零售总额（亿元）	高附加值货物比重（％）	江海与海铁运距差（公里）	竞争港口铁路运距差（公里）	所属类别
南昌	97.22	1270.01	60.0	207	68	1
武汉	217.52	3878.60	95.0	410	37	3
重庆	687.04	4511.77	68.5	405	−184	3
成都	505.80	3752.90	94.0	217	−226	2
合肥	181.90	1480.84	60.0	−125	−37	1

第六章

港口集装箱海铁联运运量预测

≫　≫　≫　　≫

集装箱海铁联运,是社会经济活动的派生需求。其运量的形成,实质上是需求和供给双方在一定的运价体系中相互作用达到均衡状态时的运量,是一个动态均衡的过程。影响集装箱海铁联运运量的因素中,除了经济、技术、运输网络布局与能力因素外,还有政治、体制、政策和其他运输方式竞争因素。本章在宁波港集装箱海铁联运腹地划分的基础上,运用相关预测方法,定量分析港口集装箱海铁联运运量。

第一节　集装箱海铁联运运量的影响因素

一、经济

货物运输是由社会经济活动这一本源需求引起的。全球范围内自然资源分布、生产力布局的差异产生了运输需求;在经济高速增长时期,必然产生较强的货物运输需求;不同国家或地区经济发展不平衡,导致货物运输需求不平衡;国民经济产业结构和产品结构不同,在运输需求的量与质上要求不同;在同一国家或地区经济发展的不同时期,货物运输需求也有相应的变化。因此,经济因素对货物运输需求的影响是直接的、多方面的。有研究表明,货运量与生产总值、进出口总额和社会消费品零售总额指标呈现高度的正相关关系。实践中,在集装箱运输技术和国际贸易快速发展时期,集装箱海铁联运运量出现了较快增长。

二、技术

技术因素是影响集装箱海铁联运系统运营效率的重要因素,主要作用于系统中的运输装备和物流信息两大要素,其影响大小体现在系统产生的运输费用和运输时间指标值的变动上。根据第四章的研究结论,影响货主选择海铁联运方式的主要因素就是运输费用和运输时间。一般来说,运输费用和运输时间下降,运输需求上升,而运输费用和运输时间上涨时,短期内运输需求会受到一定的限制。因此,技术因素是影响集装箱海铁联运需求的重要的长远性的因素。在人类历史的发展中,科学技术作为生产力的重要构成要素,自始至终起着加速各国经济增长和推动世界经济国际化的促进作用。

三、运输网络的布局与运输能力

运输网络的布局与运输能力,主要体现在集装箱海铁联运系统中的基础设施要素上,直接影响货源的吸引范围和运输需求的适应程度。第五章基于现今铁路网和未来铁路网的港口集装箱海铁联运腹地的变化表明,完善、合理的运输网络布局和方便、快捷、高质量的运输能力无疑会大大刺激运输需求,而落后的运输网络与运输能力会抑制运输需求,进而影响运量的增长。

四、政治、体制、政策

政治、体制、政策因素包括国与国之间的关系、国家内部的政治情况、国家的经济体制和经济立法等,主要作用于集装箱海铁联运系统中的制度环境和企业主体两大要素。通常两国关系向友好方向发展时,进出口贸易将会增长;反之,进出口贸易将会急剧减少,甚至中断。尤其在国际政治生活中,某些发达国家常常运用贸易限制等经济手段来达到其政治目的。国家内部政治情况常常体现在政局的稳定性、所采取的不同经济政策、贸易政策等方面。不同国家对外开放程度不同,对国际贸易所采取的措施不同。如保护主义、关税壁垒等都会限制国际贸易的发展,从而影响国家贸易需求。经济体制有计划经济和市场经济两种形式。不同经济体制对货物运输需求的影响很大,自然运输量的变化也将很大。另外,经济立法对经济活动有着规范和保障作用,是为经济活动服务的,同样对经济产生影响,从而影响运输需求,也将影响运量增长。

五、其他运输方式的竞争

在综合运输体系中,存在公路、铁路、航空、水路和管道五种运输方式。不同运输方式的投入要素、运营模式和运输产出的运输费用、运输时间等指标各有不同。公路运输有机动灵活、覆盖面广、适于"门到门"运输的优点,在短途及地区、小批量运输中占有主导地位。航空运输有速度快、服务质量高、损坏率和丢失率相对较小、包装要求低等优点。水路运输有运量大、成本低、效率高、能耗少、投资省的优点,承担着大数量、长距离的运输,是干线运输中的主力运输方式。管道运输采用密封设备,运量大,适合于油、气等大且连续不断运送的货物。铁路有运量大、速度高、安全性高、费用低、能耗少、占地少、全天候、环境效益高等优点,大宗货物运输和中长距离货物运输中具有明显的优势。集装箱海铁联运与公路、海路和海公联运三种运输方式相比,在运输成本和运输时间上并不占据绝对优势,但却是一种相对均衡的多式联运方式,较适用于高附加值商品和快消品运输。

第二节　集装箱海铁联运运量的预测方法

一、灰色 GM(1,1) 预测模型

灰色系统是指既含有已知信息,又含有未知或非确知信息的系统。对于那些难以精确地建立数学模型的系统都属于灰色系统的范畴。在灰色系统理论中,称抽象系统的逆过程(有系统的行为确立模型)为灰色模型,亦称 GM。它是根据关联度、生成数灰导数、灰微分等观点和一系列数学方法建立起来的连续性的微分方程。灰色系统理论中常用的是微分方程所描述的动态方程,是基于灰色系统理论模型 GM(1,1) 以及 GM(1, N)模型的预测。GM(1,1)表示一阶的、单个变量的微分方程,GM(1, N)表示一阶的、N 个变量的微分方程。在实际应用中,并不是连续的微分方程,

而是数据序列处理过的离散微分方程。离散微分方程便于应用矩阵方法计算、处理。灰色预测模型是通过时序数据累加生成（简称 AGO）的模块建立起来的，它滤去原始序列中可能混入的随机量，从上下波动的时间序列中寻找某种隐含的规律性，得到随机性弱化而规律性强化了的新序列，挖掘出原始序列的内在特征。

灰色预测法将直接利用时序列数据（根据铁路集装箱办理站历年的集装箱发送量），通过建立 GM(1,1) 模型进行预测。该预测方法具有以下特点：①不需大量样本；②预测精度较高；③用累加生成拟合微分方程，符合能量系统的变化规律；④可以进行长期预测。

用 GM(1,1) 模型进行预测的步骤如下：

(1)对原始时序列数据 $X^{(0)}(t)$，$t=1,2,\cdots,n$ 做一次累加生成，得新的数列 $X^{(1)}(t)$，$t=1,2,\cdots,n$。其中：

$$X^{(1)}(t) = \sum_{i=1}^{t} X^{(0)}(i) \tag{6-1}$$

(2)利用一次累加生成数列拟合微分方程：

$$\frac{\mathrm{d}X^{(1)}}{\mathrm{d}t} + aX^{(1)} = u \tag{6-2}$$

得参数 a 和 u。参数 a 和 u 用以下公式计算而得

$$\begin{bmatrix} a \\ u \end{bmatrix} = (\boldsymbol{B}^{\mathrm{T}}\boldsymbol{B})^{-1}\boldsymbol{B}^{\mathrm{T}}\boldsymbol{X} \tag{6-3}$$

其中，$\boldsymbol{B}$ 和 $\boldsymbol{X}$ 分别为如下矩阵和向量：

$$\boldsymbol{B} = \begin{bmatrix} -\dfrac{1}{2}(x_1^{(1)}+x_2^{(1)}) & 1 \\ -\dfrac{1}{2}(x_2^{(1)}+x_3^{(1)}) & 1 \\ \vdots & \vdots \\ -\dfrac{1}{2}(x_{n-1}^{(1)}+x_n^{(1)}) & 1 \end{bmatrix} \tag{6-4}$$

$$\boldsymbol{X} = \begin{bmatrix} x_2^{(0)} \\ x_3^{(0)} \\ \vdots \\ x_n^{(0)} \end{bmatrix} \tag{6-5}$$

B^{T} 为 B 的转置矩阵，$(B^{\mathrm{T}}B)-I$ 为矩阵 $(B^{\mathrm{T}}B)$ 的逆矩阵，n 为原始数列的数据个数。

（3）解上述微分方程，得时间响应函数：

$$X^{(1)}(t+1)=\left[X^{(0)}(1)-\frac{u}{a}\right]\mathrm{e}^{-at}+\frac{u}{a} \tag{6-6}$$

（4）对时间响应函数求导还原，得预测方程：

$$X^{(0)}(t+1)=a\left[X^{(0)}(1)-\frac{u}{a}\right]\mathrm{e}^{-at} \tag{6-7}$$

（5）利用历史数据对预测模型进行精度检验，即把利用模型计算出的预测值与数列的实际值进行比较，得各期预测值的绝对误差，并计算各期预测值的相对误差，通过相对误差，可以看出模型拟合数列实际发展趋势的程度，若相对误差较小，说明可以利用该模型进行预测。

（6）通过预测方程进行预测，将预测期的 t 值代入预测方程，就可以计算出预测期的预测结果。

魏洪茂基于灰色预测模型建立 GM(1,1) 模型，以福建省的港口为例，以福建省的区域经济增长、外商直接投资额、港口吞吐量和地区生产总值四个影响因素作为自变量，预测了未来 5 年的海铁联运运量[77]。陈燕琴以厦门港为例，选取集装箱吞吐量、地区生产总值、外贸进出口额、铁路货物到发总量作为自变量，集装箱海铁联运量作为因变量，以 2004—2009 年的 4 个自变量数据分别建立 GM(1,1) 模型，得到一系列预测值，再应用建立的 BP 神经网络对因变量进行预测[78]。孙国卿也运用 GM(1,1) 模型，将三个国际大陆桥的起点港集装箱吞吐量引入到预测模型，增加灰色系统中的"白信息"，对海铁联运中的西伯利亚、新亚欧和美国大陆桥运输的运量进行了预测[79]。

二、回归预测模型

回归分析预测法是利用因素之间的因果关系，通过建立回归方程进行预测。该方法具有预测精度较高、使用方便、可以进行长期预测等特点，适用于运输市场预测。回归分析预测方法的步骤是：

（1）分析预测变量的影响因素，并找出主要的影响因素。

（2）利用历史数据建立预测变量与主要影响因素的回归方程：

$$Y=f(X_1,X_2,\cdots) \tag{6-8}$$

式中:Y——预测变量;

$X_1,X_2,\cdots$——主要影响因素。

(3)利用历史数据对模型进行精度检验。

(4)利用预测期各影响因素的指标值,代入回归方程进行预测。

回归分析预测法包括一元线性回归预测法、多元线性回归预测法和非线性回归预测法等。一元线性回归预测法是通过分析预测对象的数据和某一个影响因素的数据之间的线性关系,建立一元线性模型进行预测的方法。

如果预测对象 Y 与相关变量 X 之间存在线性关系,那么这种关系可以用下式表示:

$$Y_t = a + bX_t + e_t \qquad (6\text{-}9)$$

式中:Y_t——Y 的历史数据;

X_t——X 的历史数据;

a、b——待定参数,斜率 b 又称回归系数;

e_t——随机误差。

随机误差 e_t 的存在,使得预测对象 Y 与相关变量 X 之间的计算关系不能确定,为克服这一困难,采用如下一元线性回归模型来反映 Y 与 X 之间的确定关系:

$$\hat{Y}_t = \hat{a} + \hat{b}X_t \qquad (6\text{-}10)$$

式中:$\hat{Y}_t$——对预测对象 Y 的"回归",它虽然不能完全代替 Y,但却能集中地反映 Y 与 X 之间的线性关系。

参数 $\hat{a}$ 和回归系数 $\hat{b}$,可以通过历史数据 Y_t 和 X_t 加以估算,并采用最小二乘法求得

$$\hat{b} = \frac{\sum (x_i - \bar{x})(y_i - \bar{y})}{\sum (x_i - \bar{x})^2} \qquad (6\text{-}11)$$

$$\hat{a} = \bar{y} - \hat{b}\bar{x} \qquad (6\text{-}12)$$

式中:x_i——自变量 X 的历史数据;

y_i——预测变量 Y 的历史数据;

$\bar{x},\bar{y}$——分别为自变量 X 和预测变量 Y 的历史数据的平均值,其计

算公式为

$$\bar{x} = \frac{1}{n} \sum x_i , \bar{y} = \frac{1}{n} \sum y_i \tag{6-13}$$

式中：n——自变量 X 的历史数据的个数，也是预测变量 Y 的历史数据的个数。

建立了回归模型后，$\hat{Y}$ 就可以代表预测对象 Y，但这种代表有一个程度问题，即回归效果是否显著的问题。其显著性可以通过方差分析加以检验。

三、增长率模型

增长率法是指根据预测对象在过去的统计期内的平均增长率，类推未来某时期预测值的一种简便预测方法。其预测模型如下：

$$\hat{Y}_{T+L} = Y_T (1+i)^L \tag{6-14}$$

$$i = \left[\sqrt[T]{\frac{Y_T}{Y_0}} - 1 \right] \times 100\% \tag{6-15}$$

式中：$\hat{Y}_{T+L}$——预测对象在未来第 L 期的预测值；

Y_0、Y_T——分别表示预测变量在统计期初和统计期末的统计值；

i——预测变量在统计期内的平均增长率；

T——统计期包含的时间期数（如 5 年）；

L——预测期离统计期末的时间间隔（如 3 年）。

增长率法的关键是确定增长率 i。该预测方法一般用于对增长率变化不大或预计过去的增长趋势在预测期内仍将继续的预测对象进行预测。

四、系统动力学模型

武惠荣等在建立集装箱海铁联运系统的基础上，以系统构成要素为研究对象，分析了各要素之间的因果关系，构建了系统动力学模型的状态方程、速率方程和辅助方程。以大连港为例，应用 SPSS 16.0 软件，结合有关专家建议，获取标定了系统动力学模型中的方程参数，并运用 Vensim 软件检验了模型量纲的一致性。模型仿真结果表明，预测数据与实际数据拟合度高，能够发现系统发展规律，适用于集装箱海铁联运系统发展仿真。同时发现，集装箱海铁联运发展与相关政策呈正相关关系，适宜的政策对促进集装箱海铁联运发展具有重要的正面作用。其中，影响最大的政策是加强港航铁路建设，其次是铁路运价政策，第三是铁路与港航企业间的信息衔接政策[80]。

（一）系统动力学仿真模型的基本变量

1. 状态变量

Q_v——集装箱海铁联运运量；

Q_p——港口吞吐量；

C_1——港口通过能力；

F_1——对外贸易总额；

G_1——港口腹地生产总值；

G_2——港口所在地生产总值。

2. 速率变量

S_v——海铁联运运量年增长量；

S_p——港口吞吐量年增长量；

S_c——港口通过能力年增长量；

S_j——对外贸易年增长量；

S_1——港口腹地生产总值平均年增长量；

S_2——港口所在地生产总值年增长量。

3. 辅助变量

R_1——港口腹地生产总值增长率；

R_2——港口所在地生产总值增长率；

R_j——对外贸易增长率；

R_p——港口吞吐量增长率；

Q_c——港口集装箱吞吐量；

D_1——港口固定资产投资。

4. 常量

r_1——港口固定资产投资比例；

r_2——集装箱海铁联运比例系数；

r_3——集装箱生成系数；

c_1——单位港口投资能力转换系数；

f_1——生产总值对对外贸易的影响系数；

f_i——$i=2,3,4$，分别表示腹地生产总值、对外贸易、港口通过能力对港口吞吐量的影响系数；

T_1——改进铁路运价形成机制；

T_2——加强港航铁路建设；

T_3——集装箱海铁联运港铁信息互通；

n_i——$i=1,2,3$，分别表示 T_1、T_2、T_3 对集装箱海铁联运的影响系数。

（二）系统动力学仿真模型的基本方程

1. 状态方程

$$Q_v^2 = Q_v^1 + TS_v \tag{6-16}$$

$$Q_p^2 = Q_p^1 + TS_p \tag{6-17}$$

$$C_1^2 = C_1^1 + TS_c \tag{6-18}$$

$$F_1^2 = F_1^1 + TS_f \tag{6-19}$$

$$G_1^2 = G_1^1 + TS_1 \tag{6-20}$$

$$G_2^2 = G_2^1 + TS_2 \tag{6-21}$$

2. 速率方程

$$S_p = Q_p^2 R_p \tag{6-22}$$

$$S_v = Q_c^2 r_2 (T_1 n_1 + T_2 n_2 + T_3 n_3) - Q_v^1 \tag{6-23}$$

$$S_c = D_1 c_1 \tag{6-24}$$

$$S_f = F_1 R_f \tag{6-25}$$

$$S_1 = G_1^2 R_1 \tag{6-26}$$

$$S_2 = G_2^2 R_2 \tag{6-27}$$

3. 辅助方程

$$Q_c^2 = Q_{p3}^2 \tag{6-28}$$

$$R_p^2 = (G_1^2 f_2 R_1 + F_1^2 f_3 R_f + C_1^2 f_4) c_2 \tag{6-29}$$

$$R_f^2 = R^1 f_1 \tag{6-30}$$

五、OD 交通量预测模型

OD 交通量预测是交通规划四阶段法的基本理论，是在现状 OD 表的基础上，用已得到的发送量和到达量来推算预测年度的起讫点交流量。

具体模型如下：

$$T = \sum_{i=1}^{n} \sum_{j=1}^{n} t_{ij}$$

$$T = \sum_{i=1}^{n} T_i = \sum_{j=1}^{n} U_j \tag{6-31}$$

$$T_i = \sum_{j=1}^{n} t_{ij}, U_j = \sum_{i=1}^{n} t_{ij}, (i,j = 1,2,\cdots,n) \tag{6-32}$$

式中：T——所有城市的铁路集装箱总发送量；

　　　t_{ij}——城市 i 到城市 j 的铁路集装箱量；

　　　T_i——城市 i 的铁路集装箱总发送量；

　　　U_j——城市 j 的铁路集装箱到达量。

OD 预测方法大体上分为两种：一种是"现在型式法"，即用现在的 OD 型式求算未来的 OD 量表；另一种是"重力模型法"，它是在现有 OD 表中，提炼出一个重力模型，作为推算未来 OD 量的基础，两者均属于迭代计算方法。

上述两种方法，各自具有不同的优缺点，一般来说，现在型式方法实质上是增长率法，算法简明，适应性强。重力模型法引入 OD 间距离或时间等交通阻力指标，利用确定的参数值，求算未来 OD 量表，该方法能敏感地反映时间和距离两个重要因素的影响，有一定的适用性，但由于参数的限制，难以反映所有变化。

张戎等运用 OD 交通量预测模型，以陕西省为例，采用改进的生成系数法计算海运集装箱内地生成量，在此基础上建立多项 Logit 模型确定腹地至港口不同运输链的市场份额，将生成量按市场份额分配在各条运输链上得到各运输链的重箱数，并通过引入空重箱比例将重箱数换算为运量[81]。程朝运用网络配流思路，结合大连港铁路集疏运系统现状，以港口集装箱吞吐量、港口所在地生产总值、进出口总额及货运量作为影响海铁联运运量的关键因素，采用 GM(1,N) 模型预测大连港集装箱海铁联运运量的需求，并以目前集装箱班列运营情况估算路径运量约束，建立负指数网络配流模型分配经济腹地至大连港各路径的网络流量[17]。

第三节　宁波港口腹地经济贸易发展概况

宁波港位于浙江省宁波市,其直接经济腹地为浙江省,随着铁路建设的完善及运输能力的提高,可扩大至安徽、江西和湖南等省。间接腹地为长江中下游的湖北、江苏、上海等省市的部分地区,向西可延伸至四川、重庆、河南、陕西等省市的部分地区。

一、浙江省经济贸易发展概况[①]

(一)产业经济基本情况

2014 年,浙江省常住人口数为 5508 万人。全年全省实现地区生产总值 40154 亿元,比上年增长 7.6%。其中,第一产业增加值为 1779 亿元,第二产业增加值为 19153 亿元,第三产业增加值为 19222 亿元,分别比上年增长 1.4%、7.1% 和 8.7%。三次产业增加值结构由上年的 4.7∶47.8∶47.5 调整为 4.4∶47.7∶47.9,第三产业比重首次超过第二产业。浙江省历年地区生产总值变化趋势如图 6-1 所示。

浙江省工业经济发展迅速,基本形成以化工、机械、纺织、食品和建材为主的工业支柱产业,重化工业和轻工业在长江三角洲乃至全国占有重要地位。重化工业主要有冶金、化工、机械、电力和建材等,分布在浙江省的沿海和舟山群岛地区;轻工业主要有纺织、棉纺、麻纺、制茶、酿酒、食品和水产品加工等,主要分布在省内各地级市。金华、绍兴、台州、温州和杭州的日用塑料制品、胶塑制品和鞋业等已形成产业化生产,并发展成为全国乃至世界最大的日用品生产基地和销售中心。浙江省是我国重要的综合性高产农业区,其中杭嘉湖平原、宁绍平原是我国著名的粮食以及丝茶产地,舟山是我国最大的渔场。高新技术发展迅速,杭州的 IT 产业、信息产业、机电产业和医药产业都具有较大的优势。浙江省拥有国家级的宁波经济技术开发区、梅山保税港区、宁波保税区、宁波出口加工区和宁波大榭岛经济技术开发区以及杭州经济开发区、萧山经济技术开发区、杭州

---

① 　参考《浙江省统计年鉴(2014 年)》。

出口加工区和温州经济技术开发区等国家级特殊经济区域，初步形成了浙江东海沿岸产业带、沪杭高速与沪杭铁路沿线产业带、杭萧高速与萧甬铁路沿线产业带和杭嘉湖经济区域。

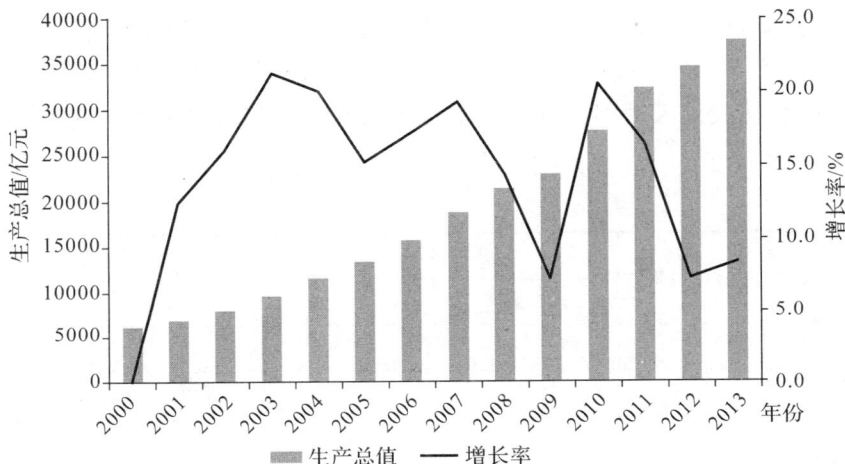

图 6-1　浙江省历年地区生产总值变化趋势

"十二五"期间，浙江省重点布局建设了 14 个产业集聚区，分别为杭州大江东产业集聚区、杭州城西科创产业集聚区、宁波杭州湾产业集聚区、宁波梅山物流产业集聚区、温州瓯江口产业集聚区、湖州南太湖产业集聚区、嘉兴现代服务业集聚区、绍兴滨海产业集聚区、金华产业集聚区、衢州产业集聚区、舟山海洋产业集聚区、台州湾循环经济产业集聚区、丽水生态产业集聚区和义乌商贸服务业集聚区。浙江省产业集聚区建设以竞争能力强、要素利用效率高、创新能力提升快、生态环境建设美为主要发展目标，依托产业基础、发展空间、配套服务、港口岸线等优势，大力发展战略性新兴产业、先进制造业、现代服务业、海洋经济和高效生态农业，加快推动传统块状经济向现代产业集群转型，积极探索发展低碳经济和绿色产业，推进新型工业化进程。力争将产业集聚区打造成为全省乃至长三角地区的新型工业化示范区、新型城市化示范区和体制机制创新示范区。

（二）对外贸易基本情况

2014 年，全省完成进出口总额 3551.40 亿美元。其中，出口额为 2733.50 亿美元，进口额为 817.90 亿美元。出口市场主要集中在欧盟、东盟、美国、日本等,对欧洲和北美市场出口增长较快,对新兴市场出口增长放缓。2014年,浙江省新批外商直接投资项目1550个;合同外资244亿美元,实际利用外资158亿美元;对外承包工程完成营业额51.8亿美元;审批和核准的境外投资企业和机构共计577家;实际对外直接投资34.8亿美元。浙江省较高的经济贸易发展水平,为宁波港口发展营造了较好的直接腹地宏观经济环境。浙江省历年进出口总额如表6-1所示。

表6-1　浙江省历年进出口总额

单位:亿美元

年度	进出口总额	出口情况		进口情况	
		出口额	占比(%)	进口额	占比(%)
2000	278.33	194.43	69.9	83.90	30.1
2001	327.99	229.77	70.1	98.22	29.9
2002	419.56	294.11	70.1	125.45	29.9
2003	614.11	415.95	67.7	198.16	32.3
2004	852.13	581.46	68.2	270.67	31.8
2005	1073.92	768.04	71.5	305.88	28.5
2006	1391.47	1008.94	72.5	382.53	27.5
2007	1768.56	1282.73	72.5	485.83	27.5
2008	2111.09	1542.67	73.1	568.42	26.9
2009	1877.35	1330.10	70.9	547.25	29.1
2010	2535.33	1804.65	71.2	730.68	28.8
2011	3093.77	2163.49	69.9	930.28	30.1
2012	3124.03	2245.19	71.9	878.84	28.1
2013	3357.88	2487.46	74.1	870.42	25.9

　　宁波市是全国外贸大市,自营进出口额位列全省之首,拥有临港产业和港口经济两大特色,具有发展海洋经济的优势。"十二五"期间,宁波市以浙江海洋经济发展纳入国家战略为契机,推进港口综合开发,强化综合服务功能,提升海洋经济发展水平。加快"世界大港"向"国际强港"、"交通运输港"向"贸易物流港"、"海洋经济大市"向"海洋经济强市"战略性转

变,努力建设浙江省国家级海洋经济核心示范区;大力推进工业转型升级,充分发挥宁波港口资源优势,重点发展市场前景好、环境影响小、产出效益高的临港先进制造业,努力打造国内一流、国际先进的临港先进制造业基地;推动传统支柱产业的改造升级,全力打造纺织服装、家用电器、电子电器、精密仪器、汽车零配件、模具文具等十大产业集群,加快推进新兴产业和特色优势产业基地建设。优化产业集聚区布局,高水平建设宁波杭州湾、梅山两个省级产业集聚区,加快规划建设慈溪工业园区、江北高新技术产业园区和宁海三门湾工业园区,研究推进奉化滨海区块、象山滨海区块等新产业集聚平台建设,打造成为转型发展的产业新基地和城市新空间。发展海洋经济、推进工业转型升级、建设产业聚集区将为宁波未来的发展提供充足的动力,也是宁波港进一步发展的坚实基础。

2014 年浙江省主要城市进出口情况如表 6-2 所示。

表 6-2　2014 年浙江省主要城市进出口情况

地区	生产总值(亿元)	进出口总额(亿美元)	进口额(亿美元)	出口额(亿美元)
杭州	9201.16	679.98	188.32	491.66
宁波	7610.28	1047.04	315.95	731.09
温州	4302.81	207.82	22.31	185.51
金华	3206.64	414.90	396.70	18.20
衢州	1121.01	44.48	15.63	28.85
嘉兴	3352.80	337.34	100.83	236.51
绍兴	4265.83	346.83	49.32	297.51
台州	379.34	220.79	27.28	193.51

二、江西省经济贸易发展概况①

(一)产业经济基本情况

2014 年,江西省常住人口数为 4542 万人。全年全省实现地区生产总值 15709 亿元,比上年增长 9.7％。其中,第一产业增加值为 1684 亿元,比上年增长 4.7％;第二产业增加值为 8388 亿元,比上年增长 11.1％;第三产业增加值为 5637 亿元,比上年增长 8.8％。三次产业对经济增长的贡献率分别为 5.0％、65.8％和 29.2％。三次产业结构调整为 10.7：53.4：35.9。江西省历年地区生产总值变化趋势如图 6-2 所示。

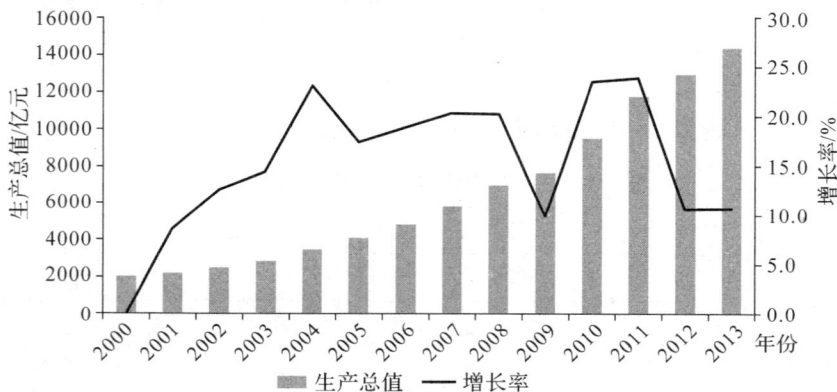

图 6-2   江西省历年地区生产总值变化趋势

"十二五"期间,江西省着力推进新型工业化,构建现代产业体系。在改造提升传统产业方面,江西省加快运用高新技术和先进适用技术、现代管理技术,推进兼并重组,提高企业技术装备水平和市场竞争能力。以有色金属、钢铁、汽车、船舶、石化、轻工、纺织、装备制造、建材等行业为重点,实施传统产业结构调整。加强信息技术、生物技术、现代管理技术、节能降耗技术与制造业的融合,推广应用新技术、新工艺、新装备、新材料,推动企业技术进步,促进产业升级。江西省坚持有所为、有所不为,超常规发展战略性新兴产业,推动新能源、新材料、新动力汽车、民用航空、生物医药等重点领域跨越发展。江西省将进一步扩大对外开放,统筹利用

———————————

①   参考《江西省统计年鉴(2014 年)》。

国际国内两个市场、两种资源,加快融入经济全球化和区域经济一体化,不断提高开放型经济发展水平,构建对外开放新格局。

(二)对外贸易基本情况

2014 年,江西省进出口总额为 427.83 亿美元,比上年增长 16.4%,同比加快 6.5 个百分点。其中,出口额为 320.38 亿美元,比上年增长 13.7%;进口额为 107.45 亿美元,比上年增长 25.2%。分地区来看,南昌、新余、赣州、上饶四市的出口总额为 164.91 亿美元,占全省出口额的 51.5%,仅南昌市出口额比重就达到 26.3%。江西省历年进出口总额如表 6-3 所示。

出口结构不断优化。2014 年,江西省全年机电产品出口额为 129.09 亿美元,比上年增长 22.2%;高新技术产品出口额为 52.54 亿美元,增长 53.2%。对韩国、日本、俄罗斯、中国香港等国家或地区的出口额快速增长,分别为 82.1%、49.1%、28.5% 和 26.7%。外商投资企业出口额 68.51 亿美元,比上年增长 8.0%;私营企业出口额 227.68 亿美元,比上年增长 11.0%;国有企业出口额 23.72 亿美元,比上年增长 88.5%。

利用外资增速加快。2014 年,江西省全年新批外商投资企业 822 个,实际使用外商直接投资 84.51 亿美元,比上年增长 11.9%,同比加快 1.3 个百分点。利用省外 5000 万元以上项目实际进资 4540.5 亿元,比上年增长 17.6%。截至 2014 年年底,全省具有世界 500 强投资背景的外商投资企业 62 家。

对外合作力度加大。2014 年,江西省全年对外承包工程合同项目 209 个,合同金额 26.48 亿美元,比上年增长 30.2%,同比加快 9.3 个百分点;完成营业额 28.51 亿美元,比上年增长 25.5%,同比加快 2.0 个百分点。

表 6-3　江西省历年进出口总额

单位:亿美元

年度	进出口总额	出口情况		进口情况	
		出口额	占比(%)	进口额	占比(%)
2000	16.24	11.97	73.7	4.27	26.3
2001	15.31	10.39	67.9	4.92	32.1

续表

年度	进出口总额	出口情况		进口情况	
		出口额	占比（%）	进口额	占比（%）
2002	16.94	10.52	62.1	6.42	37.9
2003	25.28	15.06	59.6	10.22	40.4
2004	35.32	19.95	56.5	15.37	43.5
2005	40.59	24.40	60.1	19.19	39.9
2006	61.93	37.53	60.6	24.40	39.4
2007	94.49	54.45	57.6	40.04	42.4
2008	136.18	77.27	56.7	58.91	43.3
2009	127.78	73.68	57.7	54.10	42.3
2010	216.05	134.16	62.1	81.89	37.9
2011	314.69	218.76	69.5	95.93	30.5
2012	334.14	251.13	75.2	83.01	24.8
2013	367.47	281.67	76.7	85.80	23.3

三、安徽省经济贸易发展概况[①]

（一）产业经济基本情况

2014 年，安徽省常住人口数为 6083 万人。全年全省实现地区生产总值 20849 亿元，按可比价格计算，比上年增长 9.2%。其中，第一产业增加值为 2392 亿元，比上年增长 4.6%；第二产业增加值为 11204 亿元，比上年增长 10.3%；第三产业增加值为 7252 亿元，比上年增长 8.8%。三次产业结构为 11.5∶53.7∶34.8，其中工业增加值占生产总值比重为 46%。安徽省历年地区生产总值变化趋势如图 6-3 所示。

"十二五"期间，安徽省把培育战略性新兴产业作为抢占未来发展制高点的重要突破口，大力推进知识产权战略，按照领军企业—重大项目—产业链—产业集群—产业基地的思路，实施战略性新兴产业"千百十工

---

① 参考《安徽省统计年鉴（2014 年）》。

程",促进电子信息、节能环保、新能源、生物、高端装备制造、新材料、新能源汽车、公共安全产业快速发展。2015 年,战略性新兴产业产值突破 1 万亿元。以规模化、集群化、品牌化为导向,推动汽车、装备制造、家电、食品等优势产业做大做强,建设全国重要的先进制造业基地。按照优化结构、提升水平、绿色发展的要求,充分发挥传统产业特色优势,大力推进信息化与工业化融合,推动纺织服装、冶金、建材、化工等产业改造升级。重点推进合肥经济圈一体化发展,建成接轨长三角、在全国有影响力的城市圈品牌;推动皖江城市带建设全国重要的先进制造业和现代服务业基地,打造汽车、装备制造、原材料、轻纺、高技术产业基地和皖江物流产业带;支持皖北地区加快发展,加快建设煤电化、装备制造、食品工业基地,大力发展商贸物流、现代中药,做大做强硅产业、钢铁、汽车、纺织服装鞋帽等,积极发展循环经济。

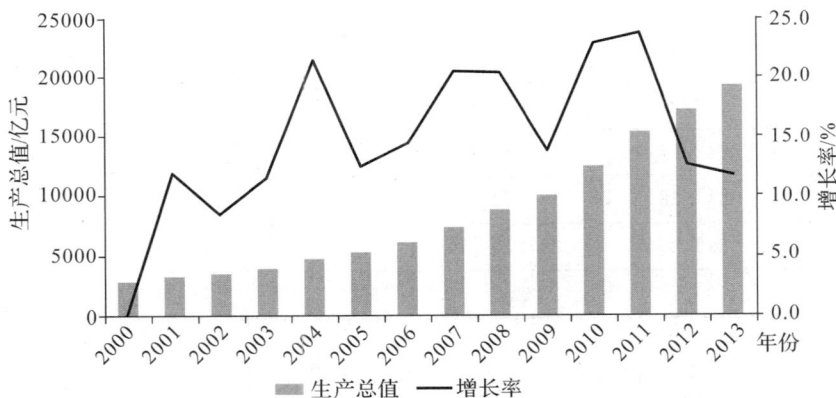

图 6-3 安徽省历年地区生产总值变化趋势

(二)对外贸易基本情况

2014 年,安徽省进出口总额为 492.70 亿美元,其中出口额为 314.90 亿美元。安徽省的出口市场主要集中在亚洲、欧洲、美国和非洲地区,出口的首要产品是机电产品。从出口经营主体看,生产型企业出口额比上年增长 11.7%,贸易型企业出口额比上年增长 9.4%。从出口商品看,机电产品、高新技术产品出口分别增长 25% 和 1.2 倍。安徽省历年进出口总额如表 6-4 所示。

表 6-4　安徽省历年进出口总额

单位:亿美元

年度	进出口总额	出口情况		进口情况	
		出口额	占比(%)	进口额	占比(%)
2000	33.46	21.72	64.9	11.74	35.1
2001	36.20	22.82	63.0	13.38	37.0
2002	41.81	24.53	58.7	17.28	41.3
2003	59.43	30.64	51.6	28.79	48.4
2004	72.11	39.36	54.6	32.75	45.4
2005	91.19	51.90	56.9	39.29	43.1
2006	122.48	68.36	55.8	54.12	44.2
2007	159.30	88.21	55.4	71.09	44.6
2008	204.36	113.53	55.6	90.83	44.4
2009	156.35	88.87	56.8	67.48	43.2
2010	242.77	124.13	51.1	118.64	48.9
2011	313.38	170.84	54.5	142.54	45.5
2012	393.25	267.52	68.0	125.73	32.0
2013	456.33	282.56	61.9	173.77	38.1

2014 年,安徽省全省亿元以上在建省外投资项目 5564 个,当年实际到位资金 7942.4 亿元,比上年增长 16.9%。全年新批外商投资项目 256 个,比上年增长 4.1%;合同利用外资 31.1 亿美元,比上年增长 15.7%;实际利用外商直接投资 123.4 亿美元,比上年增长 15.5%。到 2014 年年底,在安徽省投资的境外世界 500 强企业增加到 71 家,其中当年新引进 5 家。

2014 年全年安徽省对外承包工程新签合同金额 26.7 亿美元,比上年下降 3%;完成营业额 32.3 亿美元,比上年增长 10.7%;当年外派劳务人员 14139 人,比上年增长 11.8%。全年新批境外企业(机构)100 个,实际对外投资 4.7 亿美元,比上年下降 32%。

四、湖北省经济贸易发展概况①

(一)产业经济基本情况

2014 年,湖北省常住人口数为 5816 万人。全年全省完成地区生产总值 27367 亿元,按可比价格计算,比上年增长 9.7％。其中,第一产业完成增加值 3177 亿元,比上年增长 4.8％;第二产业完成增加值 12840 亿元,比上年增长 10.1％;第三产业完成增加值 11350 亿元,比上年增长 10.5％。三次产业结构由 2013 年的 12.2：47.6：40.2 调整为 11.6：46.9：41.5。湖北省历年地区生产总值变化趋势如图 6-4 所示。

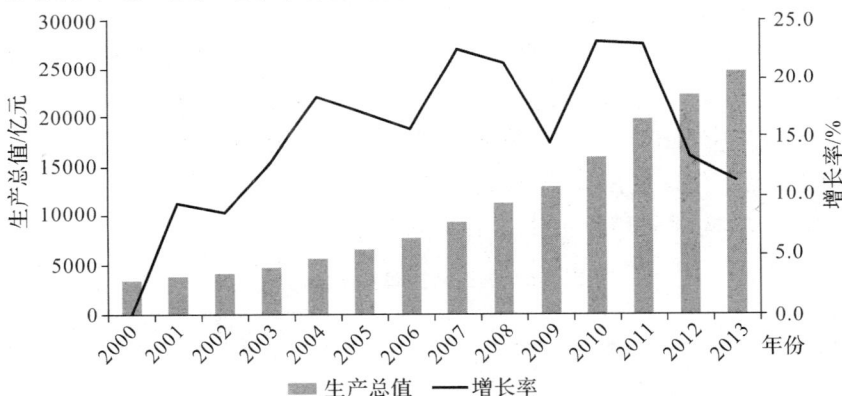

图 6-4　湖北省历年地区生产总值变化趋势

湖北省坚持走新型工业化道路,加快科技创新步伐,加快建立现代产业体系,不断提高产业核心竞争力。加快发展电子信息、生物、新材料等高新技术产业,以及新一代信息技术、高端装备制造、新材料、生物、节能环保、新能源、新能源汽车等战略性新兴产业,不断提高高新技术产业和战略性新兴产业在湖北经济中的地位和作用。加快传统制造业转型升级,推进信息化与工业化融合,优化产业布局,增强重点地区产业集聚能力,加快轻工业发展,优化轻重工业结构,打造一批掌握关键核心技术,且拥有自主知识产权和自有品牌的行业领军企业。在对外贸易领域,湖北省将进一步扩大出口,优化外贸结构。在巩固欧美、日本、韩国以及我国

---

① 参考《湖北省统计年鉴(2014 年)》。

的香港、澳门地区等传统市场基础上,大力拓展俄罗斯、巴西、印度、非洲国家等新兴市场。进一步支持船舶、汽车及零部件等机电产品,通信、消费电子、精细化工等高附加值产品、高新技术产品出口,不断提高农产品、纺织服装等传统出口产品的附加值。加强口岸设施、电子口岸建设,加快构建一体化口岸服务体系。整合口岸资源,推动运输、集散型口岸向综合服务型口岸发展,将武汉打造成为中部地区进出口货物集散地。

(二)对外贸易基本情况

2014 年,湖北省进出口总额为 430.60 亿美元,创历史新高,比上年增长 18.3%,增速高出全国 15 个百分点。其中,出口额为 266.40 亿美元,比上年增长 16.7%,提前一年超额完成"十二五"规划任务;进口额为 164.20 亿美元,比上年增长 21.2%。进出口规模从全国第 17 位提前到第 15 位,从中部地区第 4 位提前到第 3 位。分地区来看,武汉市在全省外贸中地位突出,进出口额占全省外贸总值的 68%,其中出口额占全省的 61.4%。湖北省历年进出口总额如表 6-5 所示。

表 6-5　湖北省历年进出口总额

单位:亿美元

年度	进出口总额	出口情况		进口情况	
		出口额	占比(%)	进口额	占比(%)
2000	32.03	19.29	60.2	12.74	39.8
2001	35.77	17.97	50.2	17.80	49.8
2002	39.53	20.98	53.1	18.55	46.9
2003	51.09	26.55	52.0	24.54	48.0
2004	67.66	33.82	50.0	33.84	50.0
2005	90.55	44.29	48.9	46.26	51.1
2006	117.63	62.61	53.3	55.02	46.7
2007	148.97	82.01	55.0	66.96	45.0
2008	207.06	117.09	56.4	89.97	43.6
2009	172.51	99.79	57.9	72.72	42.1
2010	259.32	144.42	55.7	114.90	44.3

续表

年度	进出口总额	出口情况		进口情况	
		出口额	占比(%)	进口额	占比(%)
2011	335.87	195.35	58.2	140.52	41.8
2012	319.64	193.99	60.7	125.65	39.3
2013	363.90	228.38	62.8	135.52	37.2

2014年,湖北省17个市州的对外贸易出口增幅全部超过10%,其中8个市州增幅超过20%。除大洋洲,湖北省对各大洲的出口额均实现增长,对非洲、亚洲和欧洲出口额的增幅超过15%。受益于国家自贸区和"一带一路"战略的实施,湖北省对23个已与我国签订自贸协定的国家和地区的出口额为94.7亿美元,比上年增长13.5%;对"一带一路"64个国家的出口额为97.9亿美元,比上年增长9.6%。民营企业出口额为132.7亿美元,比上年增大32.3%,可以说是全省出口的半壁江山。

湖北省实现外资跨越式发展。2014年,全省实际使用外资79.3亿美元,比上年增长15.1%;实际使用省外资金6997.5亿元,比上年增长13.7%。均超额完成省委、省政府确定的发展目标。在湖北省投资的世界500强企业新增16家,累计达228家,居中部地区首位。新批境外投资项目16个,400多家湖北企业在全球70个国家和地区投资、设立机构。

五、四川省经济贸易发展概况[①]

(一)产业经济基本情况

2014年,四川省常住人口数为8140万人。全年全省实现地区生产总值28537亿元,按可比价格计算,比上年增长8.5%。其中,第一产业增加值为3531亿元,比上年增长3.8%;第二产业增加值为14519亿元,比上年增长9.3%;第三产业增加值为10486亿元,比上年增长8.8%。三次产业对经济增长的贡献率分别为5.0%、59.7%和35.3%。人均地区生产总值35128元,比上年增长8.1%。三次产业结构由上年的

---

① 参考《四川省统计年鉴(2014年)》。

12.8：51.3：35.9 调整为 12.4：50.9：36.7。四川省历年地区生产总值变化趋势如图 6-5 所示。

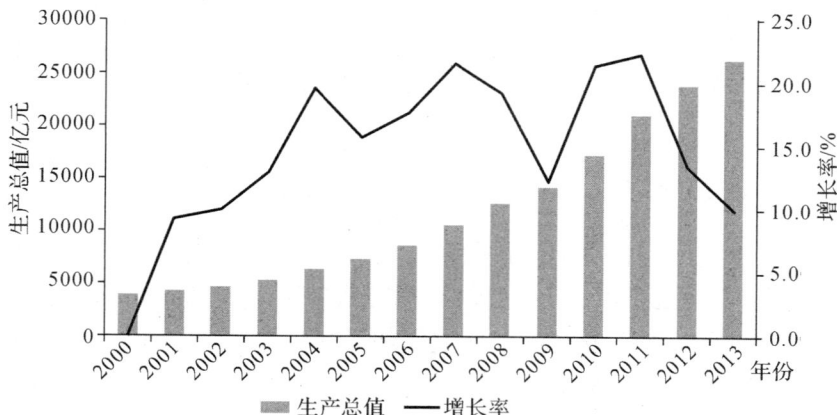

图 6-5　四川省历年地区生产总值变化趋势

四川省以提高产业整体竞争力为中心，以产业高端化、高新化为方向，大力调整优化产业结构，加快构建现代产业体系。发展新一代信息技术、新能源、高端装备、新材料、生物、节能环保等战略性新兴产业，壮大装备制造、油气化工、汽车制造、饮料食品、现代中药等特色优势产业，推动产业集中、集约、集群发展，努力建设国家重要的战略资源开发基地、现代加工制造业基地、农产品深加工基地、科技创新产业化基地和西部物流、商贸、金融中心。四川省加快转变外贸发展方式，积极培育出口竞争新优势，促进对外贸易规模持续扩大和出口结构转型升级。有效应对国际技术性贸易壁垒，推动高技术含量、高附加值产品和品牌产品出口。大力发展加工贸易，注重延长加工增值链。用足用好中国—东盟等自由贸易区的相关政策，提升企业外贸能力，不断拓展国际市场。

（二）对外贸易基本情况

2014 年，四川省进出口总额 702.50 亿美元，比上年增长 8.8%。其中，出口额为 448.50 亿美元，比上年增长 6.9%；进口额为 254.26 亿美元，比上年增长 12.3%。分地区来看，成都市在全省外贸中地位突出，实现进出口总额 558.40 亿美元，占全省外贸总值的 79.5%，其中出口额为 338.20 亿美元，占全省的 75.4%。四川省的出口市场主要集中在亚洲、欧洲和北美地区,其中在亚洲的主要出口地区为东盟、印度以及我国的香港。机电产品是四川省出口的主要货类。四川省历年进出口总额如表 6-6 所示。

表 6-6　四川省历年进出口总额

单位:亿美元

年度	进出口总额	出口情况		进口情况	
		出口额	占比(%)	进口额	占比(%)
2000	25.45	13.94	54.8	11.51	45.2
2001	30.99	15.83	51.1	15.16	48.9
2002	44.69	27.11	60.7	17.58	39.3
2003	56.39	32.13	57.0	24.26	43.0
2004	68.72	39.84	58.0	28.88	42.0
2005	79.05	47.01	59.5	32.04	40.5
2006	110.21	66.24	60.1	43.97	39.9
2007	143.84	86.08	59.8	57.76	40.2
2008	220.38	131.08	59.5	89.30	40.5
2009	242.28	141.52	58.4	100.76	41.6
2010	327.78	188.45	57.5	139.33	42.5
2011	477.85	290.46	60.8	187.39	39.2
2012	591.25	384.61	65.1	206.64	34.9
2013	645.93	419.52	64.9	226.41	35.1

2014 年全年四川省以加工贸易方式进出口的进出口额为 284.80 亿美元,比上年增长 4.9%,占全省进出口总额的 40.5%;以一般贸易方式进出口的进出口额为 276.00 亿美元,比上年增长 1.3%,占全省进出口总额的 39.3%。高新技术产品进出口额为 368.70 亿美元,比上年增长 12.3%,占全省进出口总额的 52.5%。

2014 年全年四川省实际利用外资 106.5 亿美元,比上年增长 0.7%。新批外商直接投资企业 280 家,累计批准 10472 家。外商投资实际到位资金 102.9 亿美元。落户四川省的境外世界 500 强企业 210 家。2014 年年末驻四川省的外国领事机构有 12 家。

2014 年全年四川省对外承包工程和劳务合作新签合同金额 36.6 亿美元,完成营业额 71.4 亿美元,比上年增长 12.6%。境外投资企业累计 524 家。

2014 年全年四川省履约的国内省外投资项目 9143 个(含往年结转项目),实际到位国内省外资金 8798.5 亿元,比上年增长 1.2%。

六、重庆市经济贸易发展概况①

(一)产业经济基本情况

2014 年,重庆市常住人口数为 2991 万人。全年地区生产总值 14265 亿元,比上年增长 10.9%。其中,第一产业增加值为 1061 亿元,比上年增长 4.4%;第二产业增加值为 6532 亿元,比上年增长 12.7%;第三产业增加值为 6673 亿元,比上年增长 10.0%。三次产业结构比为 7.4∶45.8∶46.8。重庆市历年地区生产总值变化趋势如图 6-6 所示。

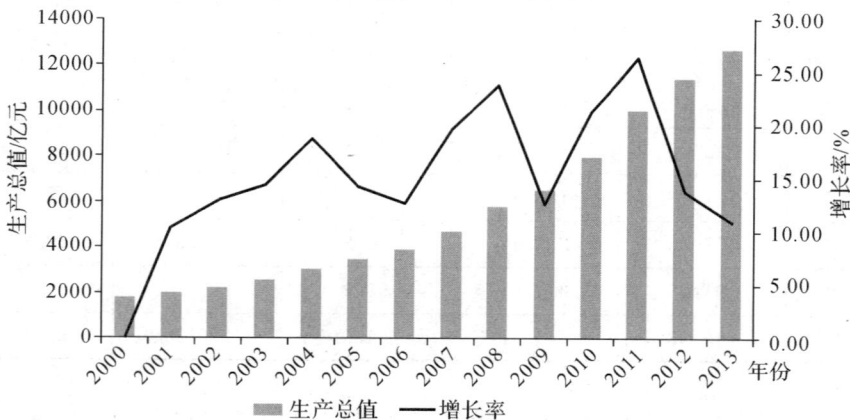

图 6-6　重庆市历年地区生产总值变化趋势

近年来,重庆市加快培育战略性新兴产业,改造提升传统优势产业,提高自主创新能力和培育自主品牌,提升产业整体竞争力,努力建设国家重要的先进制造业基地。在战略性新兴产业领域,重庆市部署了"2+10"建设方案,即基本建成国内最大笔记本电脑生产基地,形成 1 亿台整机生

---

① 　参考《重庆市统计年鉴(2014 年)》。

产规模、80％零部件及原材料本地配套；基本建成国内最大离岸数据开发和处理中心；集中打造通信设备、高性能集成电路、节能与新能源汽车、轨道交通装备、环保装备、风电装备及系统、光源设备、新材料、仪器仪表、生物医药十大重点产业集群，建成万亿级国家重要的战略性新兴产业高地。在传统优势产业领域，重庆市坚持做强存量和做大增量并重，继续实施"大投资、大项目、大企业、大基地、大支柱"战略，推动传统优势产业高端化发展，引导产业和生产要素向园区集聚，加快用新技术、新材料、新工艺、新装备改造提升传统优势产业，引进、培育和保护知名品牌，以"重庆创造"提升传统制造。在对外贸易领域，重庆市加快建设国际贸易大通道和保税（港）区。构建"一江两翼三洋"国际贸易大通道，推动建设经东南沿海港口的海铁联运通道和经北部湾的陆路通道。加快建设电子口岸，开展口岸大通关，优化提升国际通行能力，努力建成内陆地区重要的国际贸易枢纽。

（二）对外贸易基本情况

2014 年，重庆市实现进出口总额 954.50 亿美元，比上年增长 39.0％。其中，出口额为 634.09 亿美元，比上年增长 35.5％；进口额为 320.41 亿美元，比上年增长 46.3％。重庆市历年进出口总额如表 6-7 所示。

表 6-7 重庆市历年进出口总额

单位：亿美元

年度	进出口总额	出口情况		进口情况	
		出口额	占比（％）	进口额	占比（％）
2000	17.85	9.95	55.7	7.90	44.3
2001	18.33	11.02	60.1	7.31	39.9
2002	17.94	10.91	60.8	7.03	39.2
2003	25.95	15.85	61.1	10.10	38.9
2004	38.57	20.91	54.2	17.66	45.8
2005	42.93	25.21	58.7	17.72	41.3

续表

年度	进出口总额	出口情况		进口情况	
		出口额	占比（％）	进口额	占比（％）
2006	54.70	33.52	61.3	21.18	38.7
2007	74.46	45.08	60.5	29.38	39.5
2008	95.21	57.22	60.1	37.99	39.9
2009	77.09	42.80	55.5	34.29	44.5
2010	124.27	74.89	60.3	49.38	39.7
2011	292.18	198.38	67.9	93.80	32.1
2012	532.03	385.70	72.5	146.33	27.5
2013	687.04	467.97	68.1	219.07	31.9

2014 年,重庆市出口额位于前三位的市场为中国香港、美国和德国,出口额分别为 786.35 亿元、749.07 亿元和 345.92 亿元,分别比上年增长 1.6 倍、33.1％和 22.6％。进口额位于前三位的市场为韩国、缅甸和马来西亚,进口额分别为 391.97 亿元、232.68 亿元和 232.24 亿元,韩国和马来西亚分别比上年增长 4.1 倍和下降 3.7％。

2014 年全年实现服务贸易进出口总额 131.00 亿美元,比上年增长 25.0％。其中,出口为 58.00 亿美元,进口为 73.00 亿美元。全年服务外包离岸执行额 14.00 亿美元,比上年增长 27.3％,其中,信息技术流程外包占 14.9％,业务流程外包占 21.0％,知识流程外包占 64.1％。全年 18 个示范区国际服务外包累计执行额 13.6 亿美元。

全市实际利用外资保持稳定,连续四年保持百亿美元。2014 年全年利用外资 106.29 亿美元,比上年增长 0.3％。其中,外商直接投资 42.33 亿美元,增长 2.2％。全市新签订外资项目 250 个,合同外资额 46.26 亿美元,分别增长 0.8％和 14.0％。全年实际利用内资项目 2.34 万个,增长 30.4％。实际利用内资金额 7246.89 亿元,增长 20.6％。截至 2014 年年底,累计有 243 家世界 500 强企业落户重庆。

2014 年全年对外承包工程签订合同额 11.71 亿美元,比上年增长 5.2％;完成营业额 10.35 亿美元,与上年持平。

第四节　宁波港口未来集装箱海铁联运运量预测

宁波港是我国重要的集装箱港口之一,港口集装箱吞吐量位居全国港口乃至世界港口的前列。其中,以港口直接腹地外贸集装箱吞吐量为主,主要承担浙江省集装箱运输任务,周边省市集装箱绝大部分经上海等港口进出,经宁波港进出的仅占其吞吐量的2%~3%。宁波港作为上海国际航运中心的重要组成部分,凭借良好的港口条件和资源优势,服务范围将会不断拓展,成为长江沿线、浙赣沿线等广大地区重要的对外联系窗口。根据预测,2016年、2020年、2030年宁波港集装箱吞吐量将分别达到2080万TEU、2400万TEU和2500万TEU,除部分水转水吞吐量外,其余全部由公路、铁路进行集疏运。预计远期铁路可承担宁波港与远距离(500公里以上)腹地之间25%~100%的集装箱运输量,同时根据目前海铁联运的运营经验,到浙江省内的温州、台州、绍兴、金华、丽水、衢州等地区也有部分会采取铁路进行集疏运。据此,综合采用GM(1,1)模型和OD交通量预测法,对宁波港海铁联运集装箱运量进行保守和乐观两种估计[82]。

保守估计主要考虑宏观经济形势好转缓慢、宁波市对海铁联运取消补贴政策以及铁路线路及集装箱站场建设滞后、后方通道能力不足等因素。在这种情况下,预测2016年、2020年和2030年宁波港集装箱海铁联运量分别为15.0万TEU、45.4万TEU和89.2万TEU,占港口集装箱吞吐量的比例分别为0.7%、1.9%和3.6%,如表6-8所示。

乐观估计主要考虑宁波市海铁联运补贴政策的力度加大、铁路集装箱站场及后方通道建设快速跟进以及国家从节能环保层面对长距离公路集卡运输进行限制等。在以上条件下,预测2016年、2020年和2030年宁波港海铁联运集装箱运量分别为18.0万TEU、75.8万TEU和203.8万TEU,占港口集装箱吞吐量的比例为0.9%、3.2%和8.2%,如表6-9所示。

表 6-8　规划年度宁波港集装箱海铁联运预测细分（保守估计）

单位：万 TEU

腹　地	至宁波港距离（公里）	2016 年			2020 年			2030 年		
		宁波港吞吐量	铁路分担率	铁路分担量	宁波港吞吐量	铁路分担率	铁路分担量	宁波港吞吐量	铁路分担率	铁路分担量
宁波市	<300	700	0	0	760	0	0	760	0	0
温州、金华、丽水、衢州、台州、绍兴等	300～500	820	0.7％	5.7	920	0.8％	7.4	920	1.0％	9.2
江西、江苏、安徽等	500～1000	18	25％	4.5	80	25％	20	150	30％	45
湖北、湖南、四川、重庆、陕西等	>1000	12	40％	4.8	40	45％	18	70	50％	35
小　计	—	1550	—	15.0	1800	—	45.4	1900	—	89.2
水转水		530		—	600		—	600		—
合　计	—	2080	0.7％	15.0	2400	1.9％	45.4	2500	3.6％	89.2

表 6-9　规划年度宁波港集装箱海铁联运预测细分（乐观估计）

单位：万 TEU

腹　地	至宁波港距离（公里）	2016 年			2020 年			2030 年		
		宁波港吞吐量	铁路分担率	铁路分担量	宁波港吞吐量	铁路分担率	铁路分担量	宁波港吞吐量	铁路分担率	铁路分担量
宁波市	<300	700	0	0	760	0	0	760	0	0
温州、金华、丽水、衢州、台州、绍兴等	300～500	820	0.8％	6.6	920	1.5％	13.8	920	1.5％	13.8
江西、江苏、安徽等	500～1000	18	30％	5.4	80	45％	36	150	80％	120
湖北、湖南、四川、重庆、陕西等	>1000	12	50％	6.0	40	65％	26	70	100％	70
小　计	—	1550	—	18.0	1800	—	75.8	1900	—	203.8
水转水		530		—	600		—	600		—
合　计	—	2080	0.9％	18.0	2400	3.2％	75.8	2500	8.2％	203.8

　　规划年度浙江省内集装箱海铁联运运量可能产生的区域主要有杭州、绍兴、义乌、金华、衢州、丽水、台州、温州等地。外省集装箱海铁联运运量可能产生的区域主要为铁路沿线的地级及以上城市:江西省主要有南昌、鹰潭、上饶、景德镇、新余、萍乡等;湖南省主要有长沙、株洲、湘潭、娄底、怀化等;安徽省主要有合肥、芜湖等;湖北省主要有武汉、襄阳等;河南省主要有信阳、南阳等;陕西省主要有西安、宝鸡、汉中等;川渝地区主要有成都、重庆、绵阳、达州、西昌等;其余省以省会城市为主,如兰州、西宁、乌鲁木齐、昆明、南宁、贵阳等,可考虑结合内贸箱开行集装箱班列;另外,港口与口岸站如阿拉山口、二连浩特和满洲里之间也是集装箱班列的发展方向之一。

　　集装箱海铁联运近期主要服务北仑、穿山港区,远期增加大榭港区,梅山港区集装箱运输考虑小部分采用海公铁联运的方式。分港区海铁联运运量预测如表 6-10 所示。

表 6-10　规划年度分港区海铁联运运量预测

单位:万 TEU

港区	2020 年				2030 年			
	集运		疏运		集运		疏运	
	保守	乐观	保守	乐观	保守	乐观	保守	乐观
北仑	10.2	17.1	10.2	17.1	21.6	32.4	20.6	32.4
穿山	12.5	20.8	12.5	20.8	24.0	38.0	24.0	38.0
大榭	—	—	—	—	—	18.8	—	18.8
梅山	—	—	—	—	—	12.7	—	12.7
合计	22.7	37.9	22.7	37.9	45.6	101.9	44.6	101.9

第七章

集装箱海铁联运运营模式

≫ ≫ ≫　　≫

　　运营模式和运作流程,是集装箱海铁联运系统中各企业主体在一定社会经济条件下形成的一种制度性安排,是影响集装箱海铁联运系统效率的重要因素。不断改善运营模式和运作流程,对提高集装箱海铁联运方式竞争力具有重要的作用。

第一节　集装箱海铁联运系统运营模式

　　集装箱海铁联运系统的运营模式,在不同发展阶段呈现不同的特征,从我国最初的"两点一线"到欧洲目前的"网络"模式,模式复杂程度越来越高,效率也逐步得到提高。

一、欧洲运营模式

　　欧洲为了缓解港口和公路拥堵,改善铁路在多式联运中的地位,提高铁路货运市场份额,于 2009 年 10 月至 2012 年 9 月组织开展了 TIGER 项目研究。TIGER 项目根据港口地理位置、现状基础设施、当地环境和腹地范围,推荐了四种集装箱海铁联运系统运营模式。

　　(一)热那亚"闭环"快速走廊模式

　　热那亚"闭环"快速走廊,是基于里瓦尔塔卫星站(欧洲特快车站)承接热那亚港口货物转移的理念而建立起来的。当集装箱运抵圣乔吉奥和热那亚沃尔特里港口时,为了提高港口运作效率,采用随机装卸船方法卸下集装箱;区间列车按照顺序依次加载两港卸下的集装箱,通过铁路次干线将集装箱转移至里瓦尔塔车站;然后经由主线返还港口,形成一个"闭环"循环。为了提高该"闭环"循环的运作效率,里瓦尔塔车站引入了新的通信技术和管理信息系统,港口加大投资改善基础设施和信号系统。里瓦尔塔连接两个主要的 TEN-T 通道,而且具有为热那亚港口服务的通关设施。

(二)基于双海港平台的模式

基于双海港平台的模式(MARIPLAT Y),是建立于意大利焦亚陶罗和塔兰托两个主要港口的集装箱运输服务平台,集结两个港口的集装箱,利用亚得里亚海铁路线,在巴里港和博洛尼亚因特邦托货运村之间开行满列重型货运列车,经博洛尼亚因特邦托货运村将集装箱转运到欧洲主要区域。博洛尼亚因特邦托货运村可通过铁路通达东欧、北欧、西欧和西班牙、葡萄牙等。该通道可避免进入穿过那不勒斯、罗马和佛罗伦萨城市拥挤的伊特鲁里亚线。

(三)内陆无水港与海港互动的信息港模式

信息港模式(iPORT WEB),如图7-1所示,是利用信息网络优势,通过合理选址内陆无水港,来优化汉堡港和不来梅哈芬港至欧洲内陆的集装箱海铁联运交通流。在内陆无水港的选址上,该模式根据无水港的腹地覆盖范围和运行效率两大类指标,比较了"邻近港口"和"邻近市场"的两种无水港选址方案。实践表明,"邻近港口"无水港选址方案通过提高信息技术和其他支持系统功能,加强港口经营人、船公司、铁路运输公司、货代公司等相互间的协作,会减少 92% 的等待时间和相关道路拥挤。"邻近市场"的无水港选址方案,则提供了很多良好的实践经验。比如,进出德国港口的区间列车运行频率、Blue Opti 的 IT 优化技术,以及带有用户界面的列车监控系统等。这些实践,将列车准点率提高到 85% 至90%,并提高了铁轨的利用效率,在同等运能水平下,列车使用数量下降15% 至 20%。

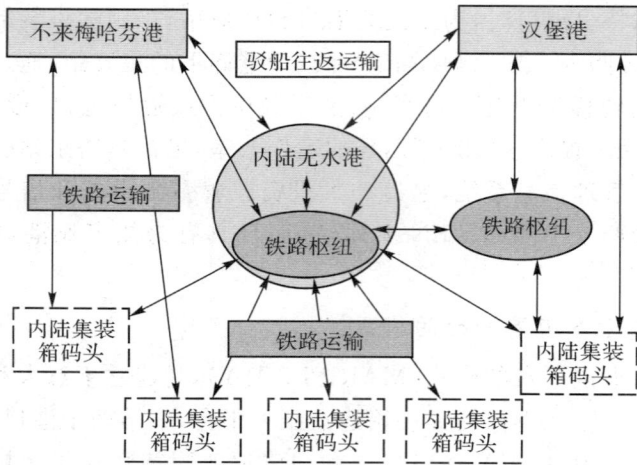

图 7-1　信息港模式

来源：TIGER 通讯 1/2010，http：//www. newopera. org/sites/default/files/TI-GER％20％20％20NEWSLETTER％20N％205％20％20FINAL. pdf.

（四）多式联运蛛网模式

多式联运蛛网模式（Mega-Hub），是基于"蜘蛛网"概念，实现集装箱海铁联运的网络规模效益。实践中，利用德国汉诺威和慕尼黑这两大铁路枢纽，开通运营其通达海港和内陆腹地其他城市的区间列车，形成一个区域的集装箱海铁联运线路网络，从而达到规模效应，如图 7-2 所示。

二、中国"两点一线"运营模式

所谓"两点"，即港口铁路集装箱公共服务平台和内陆节点铁路集装箱公共服务平台；"一线"，即铁路运输线路。换句话讲，"两点一线"就是在同一 OD 点对间和同一运输线路上循环往返运输，是热那亚"闭环"快速走廊模式的简化形式，因此，可以说"两点一线"是集装箱海铁联运的最初级运营模式。

由于我国集装箱海铁联运发展起步较晚，国内沿海港口目前基本上采用的是"两点一线"模式，个别港口出现了基于双内陆铁路集装箱办理站的类似于基于双海港平台的模式。其中，大连港采用与铁路合资形式、青岛港采用办事处形式建设铁路公共服务平台，"两点一线"的运营效果都比较显著。大连港内陆节点建设富有成效，以大连港为出海口，大连、沈阳和哈尔滨 3 个集装箱场站为中心，沈阳、满洲里、长春东、吉林西、齐齐哈尔、牡丹江和绥芬河等 7 个二级枢纽站为重点，穆棱、德惠、通辽和辉南等 4 个专业场站为延伸，构建了布局较为完善、层次分工明晰的东北区域海铁联运网络。大连港 10 条海铁联运线路，针对不同情况，采用"五定班列"、精品快运直达、固定循环车组等多种运输组织方式，显著提高了集装箱海铁联运的运营效率和经济效益。

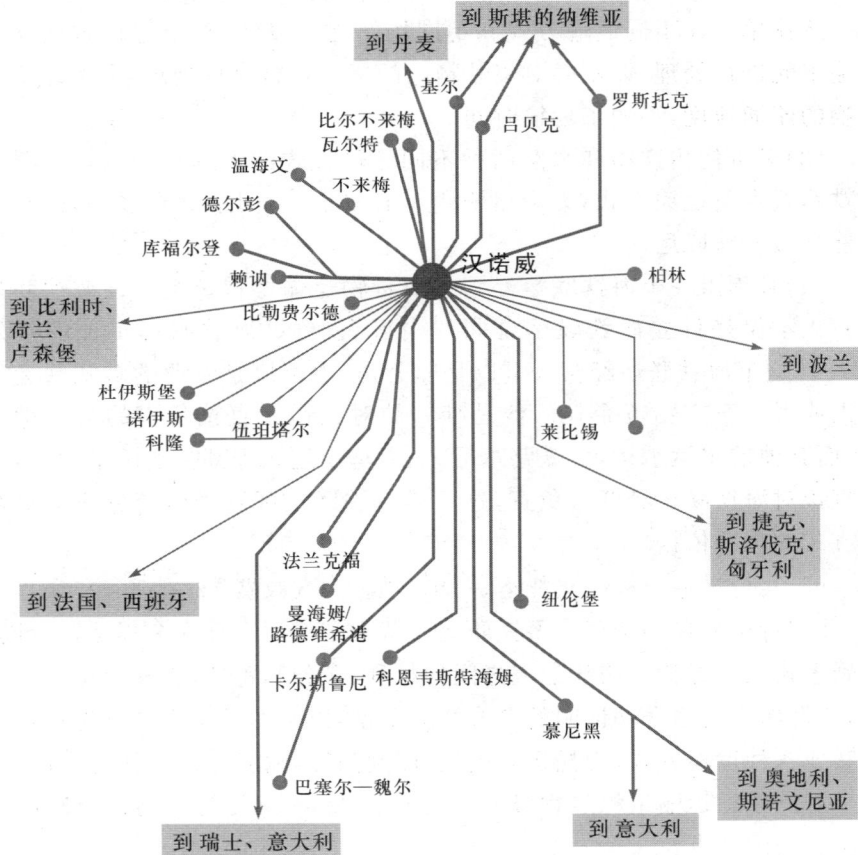

图 7-2　多式联运蛛网模式

来源：TIGER 通讯 1/2010，http://www.newopera.org/sites/default/files/TIGER％20％20％20NEWSLETTER％20N％205％20％20FINAL.pdf.

三、运营特征

集装箱海铁联运实际运营的主要特征包括：

（1）必须具有一份海铁联运合同。该运输合同是海铁联运经营人与托运人之间权利、义务、责任与豁免的合同关系和运输性质的确定，也是区别海铁联运与一般货物运输方式的主要依据。

（2）必须是同一运输单元的集装箱货物或集装化货物。集装箱作为同一运输单元在不同运输方式和不同场站之间流转，整个运输过程仅对运输单元进行处理，而不必对集装箱内的货物进行直接处理，大大加快了货物的流通速度，缩短了运输时间。

（3）至少使用铁路和水路两种不同运输方式的连续货物运输。单一的铁路或水路运输方式，无论运输距离有多远，中间手续有多么复杂，都不能称做海铁联运。

（4）必须由一个海铁联运经营人对货物运输全程负责。该海铁联运经营人不仅是订立海铁联运合同的当事人，也是海铁联运单证的签发人[83]。这个海铁联运经营人可以是船公司，也可以是专业的多式联运经营人或者第三方物流企业。他是唯一的对托运人直接负责的契约承运人，而其他的水运承运人、铁路承运人、卡车承运人等都是实际承运人，他们直接对海铁联运经营人负责，这就是海铁联运区别于传统分段运输组织方式的重要依据。

（5）实行运输全程一次托运、一单到底、一次收费、统一理赔和全程负责，并实行全程单一费率。海铁联运经营人与托运人订立全程运输合同，明确多式联运经营人与托运人之间的权利、义务和责任，收取全程运输费用，签发作为运输合同证明的多式联运单据，以契约承运人的身份负责组织其他各种运输方式，为托运人提供"门到门"运输服务。对托运人而言，整个海铁联运运输组织过程具有一个承运人、一次托运、一张运输合同、一次收费的特点。

国际集装箱海铁联运除了具有上述 5 个特征以外，还具有同一国家区域内货物通关的一次申报、一次查验、一次放行特征。

第二节　集装箱海铁联运系统运作流程

一、国际大陆桥集装箱海铁联运业务流程

国际大陆桥集装箱海铁联运以国际铁路货物联运运单为主要单证，规定了参加联运各国铁路和收、发货人在货物运送上的权利、义务和责任，对铁路和收、发货人都具有法律效力。

以中铁集装箱运输有限公司和丹麦 A.P. 穆勒—马士基集团合资组建的 TMT 公司的集装箱海铁联运业务为例，其大陆桥业务流程如图 7-3 所示[84]。

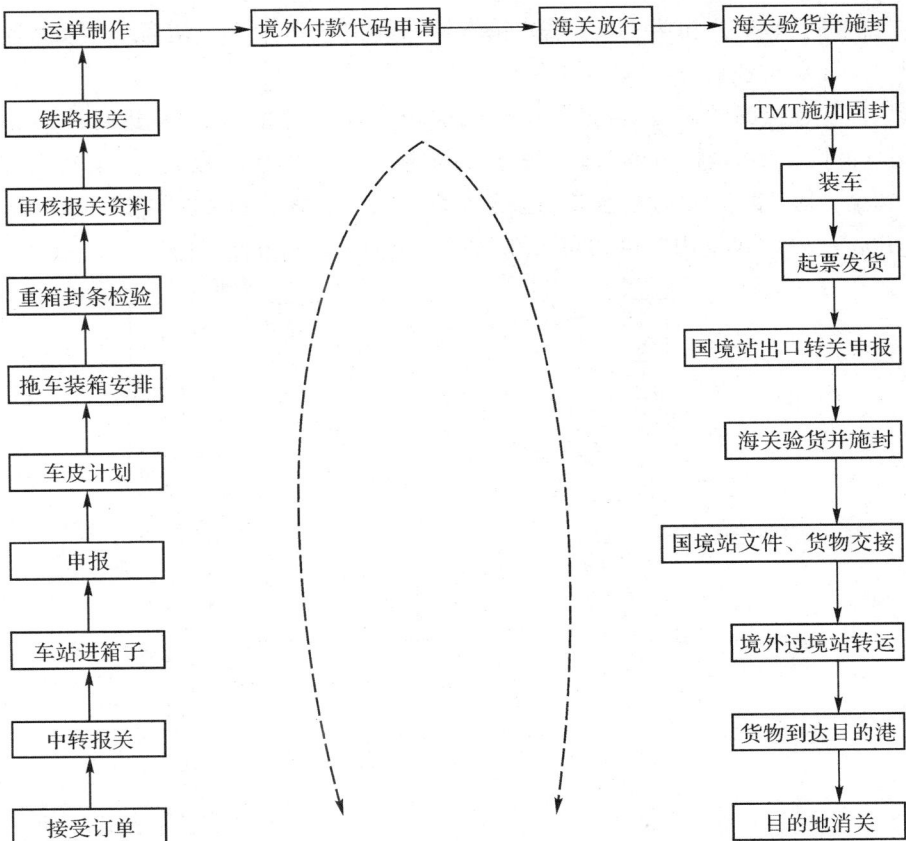

图 7-3　TMT 公司大陆桥集装箱海铁联运业务流程

　　大陆桥集装箱海铁联运出口运输业务流程为:货代在船舶卸下集装箱后,分别向海关申请中转报关和铁路申报车皮计划,海关放行和装车计划下达后,起票装车运输,经国境站时再次申报转关运输,到达目的地后交付给收货人。进口运输业务是逆向的作业过程。

二、国内集装箱海铁联运业务流程

(一)传统模式下的业务流程

　　传统模式下,由于内陆与口岸、铁路与港口、海关、国检等部门间信息相互割据,以及业务单据的电子化程度较低,造成集装箱海铁联运的单据和作业必须在不同区域和部门间以串行方式运作,大大延长了非作业时间,降低了海铁联运系统的效率。

　　以 TMT 公司为例,其集装箱海铁联运的进口和出口流程分别如下:

　　1. 海铁联运进口业务流程

　　集装箱船舶靠港后,报关员根据船公司提供的舱单资料,进行中转报关;报关完毕后,将由港口卸下的集装箱拖往车站堆场等候发运;车站安排车皮计划、装车、发运集装箱,运单与关封同时寄往内陆;集装箱到达内陆车站后,由 TMT 内陆公司负责联系提货事宜。具体流程如图 7-4 所示。

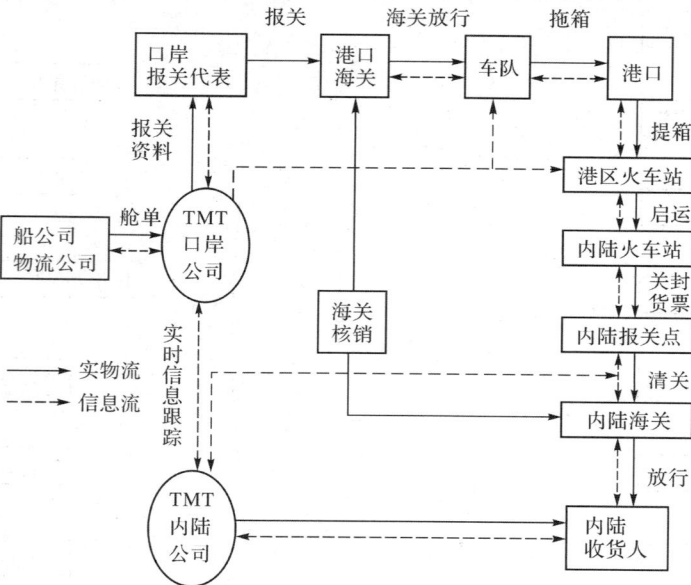

图 7-4　TMT 公司集装箱海铁联运进口业务流程

其中,港区铁路站内集装箱业务受理、承运环节流程如图 7-5 所示。

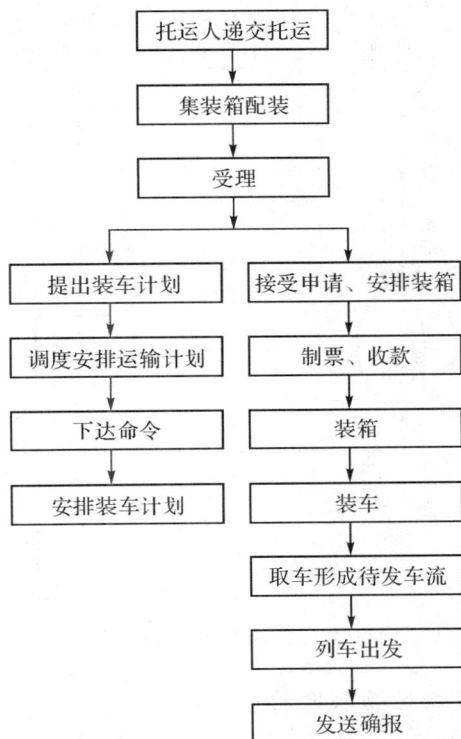

```
                    ┌──────────────┐
                    │ 托运人递交托运 │
                    └──────┬───────┘
                    ┌──────┴───────┐
                    │  集装箱配装   │
                    └──────┬───────┘
                    ┌──────┴───────┐
                    │    受理      │
                    └──────┬───────┘
            ┌──────────────┴──────────────┐
    ┌───────┴───────┐          ┌─────────┴──────────┐
    │  提出装车计划  │          │  接受申请、安排装箱  │
    └───────┬───────┘          └─────────┬──────────┘
    ┌───────┴───────┐          ┌─────────┴──────────┐
    │ 调度安排运输计划 │          │   制票、收款       │
    └───────┬───────┘          └─────────┬──────────┘
    ┌───────┴───────┐          ┌─────────┴──────────┐
    │   下达命令    │          │     装箱          │
    └───────┬───────┘          └─────────┬──────────┘
    ┌───────┴───────┐          ┌─────────┴──────────┐
    │  安排装车计划  │          │     装车          │
    └───────────────┘          └─────────┬──────────┘
                               ┌─────────┴──────────┐
                               │  取车形成待发车流    │
                               └─────────┬──────────┘
                               ┌─────────┴──────────┐
                               │    列车出发        │
                               └─────────┬──────────┘
                               ┌─────────┴──────────┐
                               │    发送确报        │
                               └────────────────────┘
```

图 7-5　集装箱铁路站内发送作业流程

2.海铁联运出口业务流程

内地客户与 TMT 内陆公司签订海铁联运委托合同后,TMT 内陆公司向船公司订舱,安排车队提取空箱并前往工厂装箱;报关员根据装箱单等资料,进行内陆属地报关;海关放行后,车站安排车皮计划、装车、发运集装箱,运单与关封同时寄往港口口岸;TMT 口岸公司进行中转报关,由港区火车站卸下的集装箱拖往码头堆场等候船舶发运。具体流程如图7-6 所示。

其中,内陆铁路站外集装箱业务受理、承运环节流程如图 7-7 所示。

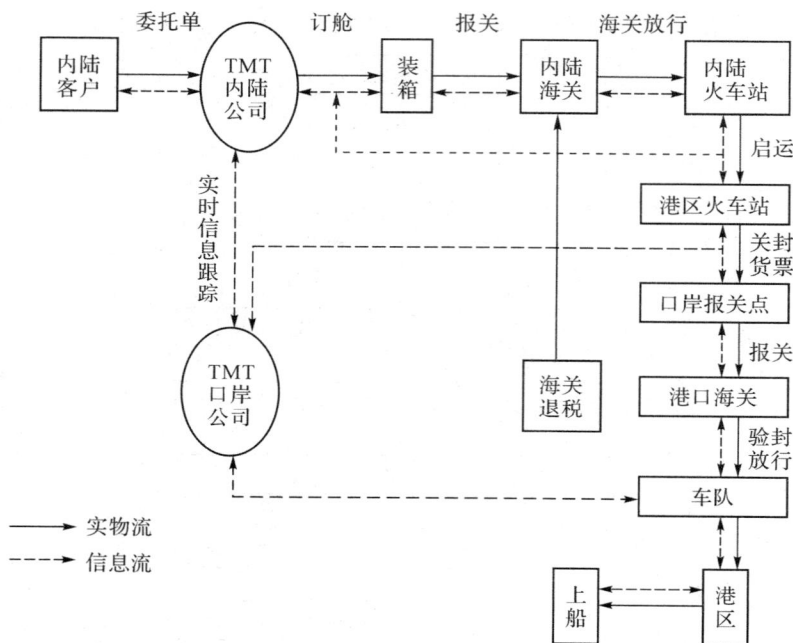

图 7-6　TMT 公司集装箱海铁联运出口业务流程

（二）基于海铁联运物联网的业务流程

基于海铁联运物联网的业务流程,是指在提高信息化水平和区域通关一体化的前提下,改造和减少传统流程中的串行环节,尽可能多地实现并行作业,缩短海铁联运系统的作业时间,实现快捷运输。

1. 宁波港集装箱海铁联运物联网

2012 年,国家交通运输部批复了宁波港建设国家集装箱海铁联运物联网应用示范工程的可行性研究报告,该研究报告提出要搭建"一个平台、七个系统"。"一个平台"是指海铁联运数据交换平台,实现宁波港集装箱海铁联运与全国铁路电子商务平台、口岸监管管理系统、地方政府信息平台、港口生产管理系统、物流企业信息系统的互联互通和业务协同；"七个系统"包括集装箱码头业务系统、铁路生产业务系统、宁波港转码头高效运输系统、集装箱码头智能闸口系统、铁路港站生产业务系统、无水港箱管系统及港口地理信息综合系统。

根据工程建设目标及建设任务,宁波港集装箱海铁联运物联网应用

```
┌──────────────────┐
│   托运人递交托运   │
└──────────────────┘
          │
          ▼
┌──────────────────┐
│       受理        │
└──────────────────┘
      │        │
      ▼        ▼
┌──────────────┐  ┌──────────────────┐
│  提出日装车计划 │  │  接受申请、通知装箱  │
└──────────────┘  └──────────────────┘
      │                  │
      ▼                  ▼
┌──────────────┐  ┌──────────────────┐
│ 调度安排运输计划 │  │     制票、收款     │
└──────────────┘  └──────────────────┘
      │                  │
      ▼                  ▼
┌──────────────┐  ┌──────────────────┐
│    下达命令    │  │    货主领取空箱    │
└──────────────┘  └──────────────────┘
      │                  │
      ▼                  ▼
┌──────────────┐  ┌──────────────────┐
│   安排装车计划  │  │     公路运输      │
└──────────────┘  └──────────────────┘
                         │
                         ▼
                  ┌──────────────────┐
                  │       装箱        │
                  └──────────────────┘
                         │
                         ▼
                  ┌──────────────────┐
                  │     公路运输      │
                  └──────────────────┘
                         │
                         ▼
                  ┌──────────────────┐
                  │      进入堆场     │
                  └──────────────────┘
                         │
                         ▼
                  ┌──────────────────┐
                  │       装车        │
                  └──────────────────┘
                         │
                         ▼
                  ┌──────────────────┐
                  │  取车形成待发车流   │
                  └──────────────────┘
                         │
                         ▼
                  ┌──────────────────┐
                  │     列车出发      │
                  └──────────────────┘
                         │
                         ▼
                  ┌──────────────────┐
                  │     发出确报      │
                  └──────────────────┘
```

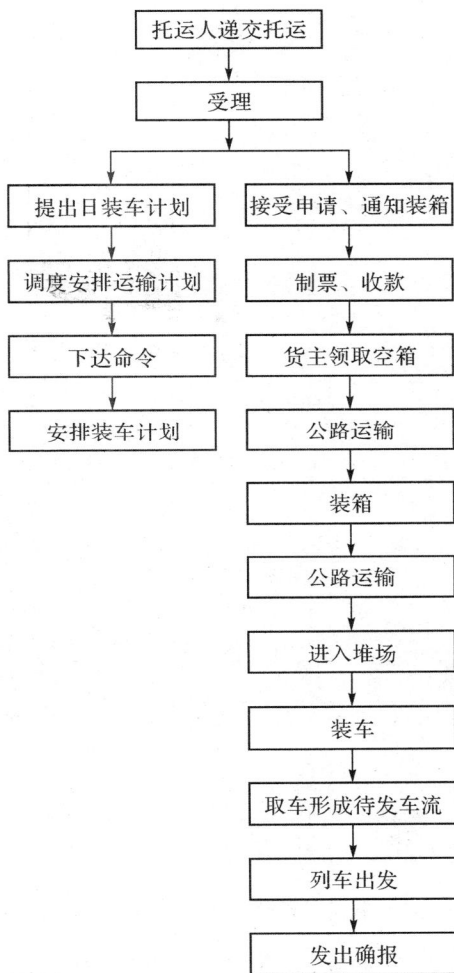

图 7-7　集装箱铁路站外发送作业流程

示范工程技术架构主要由用户层、应用服务层、应用支撑层、感知及传输层和两大保障体系等部分组成,其逻辑架构如图 7-8 所示,各系统间业务协同关系如图 7-9 所示。

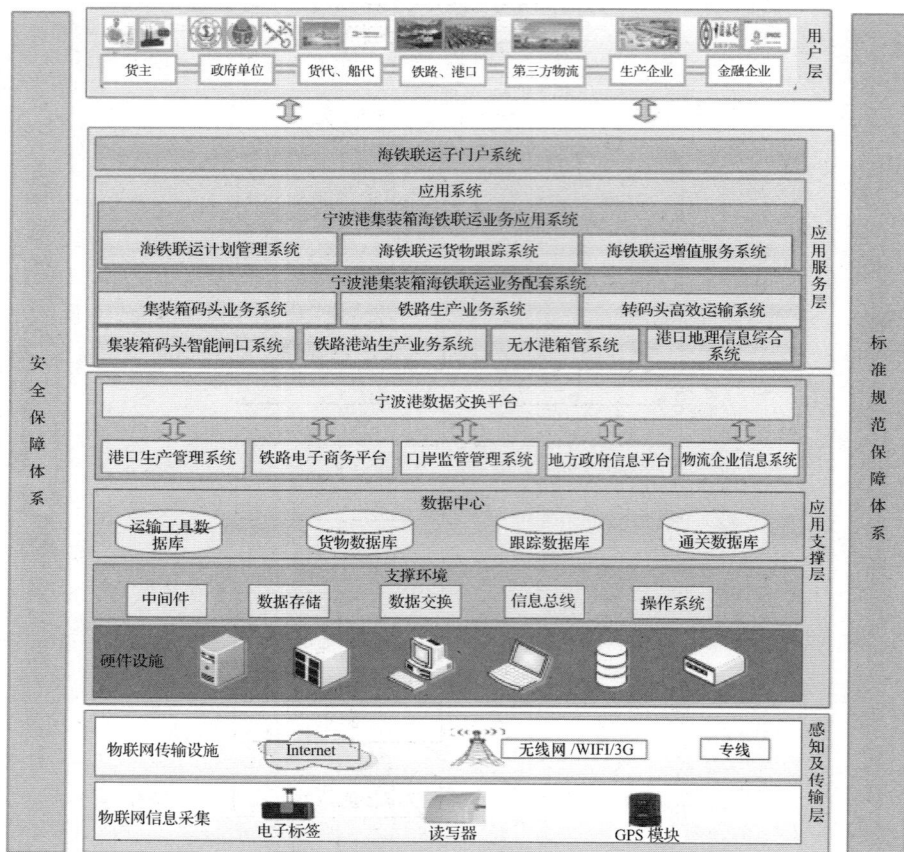

图 7-8　宁波港集装箱海铁联运物联网应用示范工程逻辑架构

（1）海铁联运子门户系统，是宁波港集装箱海铁联运对外服务窗口，也是海铁联运数据交换平台与其他各应用系统的互通入口，实现"一个窗口、多个应用"。

（2）海铁联运计划管理系统，为宁波港海铁联运管理部门实现铁路运输计划申报、驳箱、转码头运输、口岸查验、客户管理的业务协同管理提供支撑，同时根据海铁联运实际情况，实现宁波港海铁联运集装箱堆存、流向及集疏港作业等环节的统计分析，为港口决策层制定宁波港海铁联运发展规划、及时调整货源市场提供支撑。

（3）海铁联运货物跟踪系统，面向货主、货代、铁代、船公司揽货等海铁联运平台服务对象,提供与宁波港相关的铁路货物运输的各类车辆、集装箱班列及所运货物、途经各站的预确报、相关货票、预计到港车辆预报等全程动态查询服务,并结合货物在港信息,为货主、货代、港口码头等用户提供海铁联运全程一体化的货物跟踪信息。

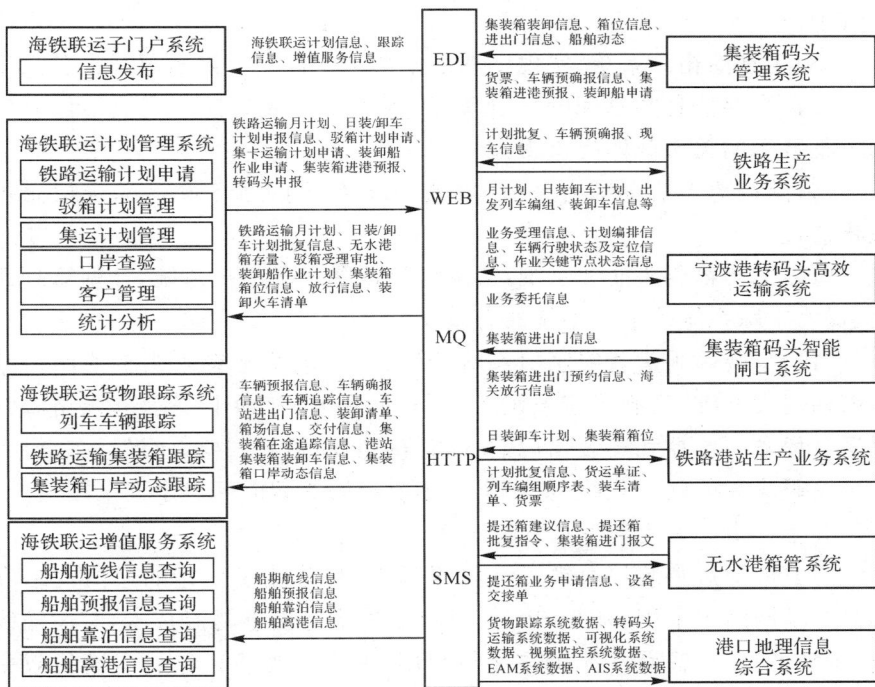

图 7-9　宁波港集装箱海铁联运相关系统

(4)海铁联运增值服务系统,实现海铁联运船舶船期、预报、靠泊及离港信息的查询增值服务。

(5)铁路生产业务系统,主要面向宁波港铁路公司,根据其港区铁路取送车、调车作业等职责,通过宁波港铁路生产业务系统建设,实现宁波港铁路行车、货运作业等全过程信息化管理,从而充分发挥港口铁路在宁波港集装箱海铁联运中的枢纽作用和集疏运作用。

(6)铁路港站生产业务系统,主要面向宁波港铁路港站,根据其在港口铁路专用线内的铁路集装箱办理站计划受理、作业安排、箱体检查及交接等职责,通过铁路港站生产业务系统建设,实现宁波港铁路装卸作业以及铁路集装箱相关信息的接收及发送、作业报表、费收处理等铁路港站作业信息化管理。

（7）转码头高效运输系统，服务于海铁联运集装箱在公路通过集卡转运的作业，通过系统建设，实现集卡转码头作业合理调度、实时监控和统一管理。

（8）无水港箱管系统，实现宁波港—金华—江西上饶示范线上各无水港空重箱堆存信息共享和统一管理，为各无水港成为铁路沿线地区有效调拨集装箱的关键载体提供支撑。

（9）港口地理信息综合系统，实现基于 GIS 的海铁联运综合信息可视化监控。

（10）集装箱码头业务系统，实现对海铁联运子门户系统、计划管理系统、货物跟踪系统等信息系统的有效支持。

（11）集装箱码头智能闸口系统，基于宁波港集装箱码头智能闸口系统前期建设基础，为满足宁波港—金华（义乌）—江西上饶示范线路海铁联运全程联网监控和集装箱运输状态信息实时感知需要，建设远东、甬舟集装箱码头智能闸口系统，从而实现集装箱码头智能闸口全港区覆盖。

2. 基于海铁联运物联网的流程改造

宁波港通过集装箱海铁联运物联网工程，建立了发达的通信网络和信息共享网络。采用 GPS、GIS 箱号自动采集等先进物流技术，对运输线路、运输工具、运输设备优化选择与利用，提高了集装箱在途运输的效率和不同运输方式之间的衔接效率；使用 EDI、WEB 等进行信息的传递，提高单证、信息的传递和处理速度。按照业务流程分析改造的"取消、合并、重排、简化、新增"的一般技术，基于海铁联运物联网的流程实现了三个方面的优化。一是串行改为并行，最大程度地将原有铁路、海关、国检部门的串联业务审批，部分改为并联状态，减少部门之间的单证流转以及信息传递时间。二是取消无增值的流程，通过电子商务，托运人可以在网上提交计划申请、运单和支付运费等。三是缩短关键流程的时间，通过信息网络的互联互换，将信息流、单证流与物流同步，甚至实现信息流提前于单证流与物流，解决企业内"信息孤岛"的问题，实现企业间信息共享。宁波港集装箱海铁联运业务流程及数据交换平台关系如图 7-10、图 7-11 所示。基于海铁联运物联网的铁路发送作业流程如图 7-12 所示。

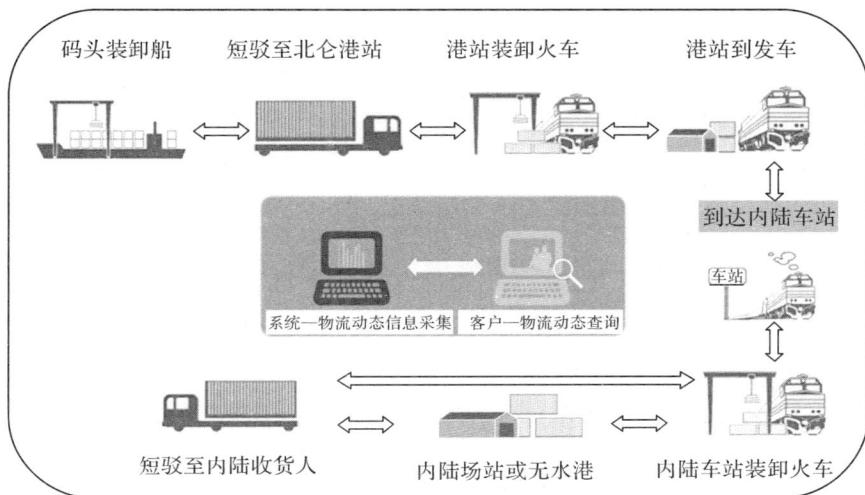

图 7-10　宁波港集装箱海铁联运业务流程

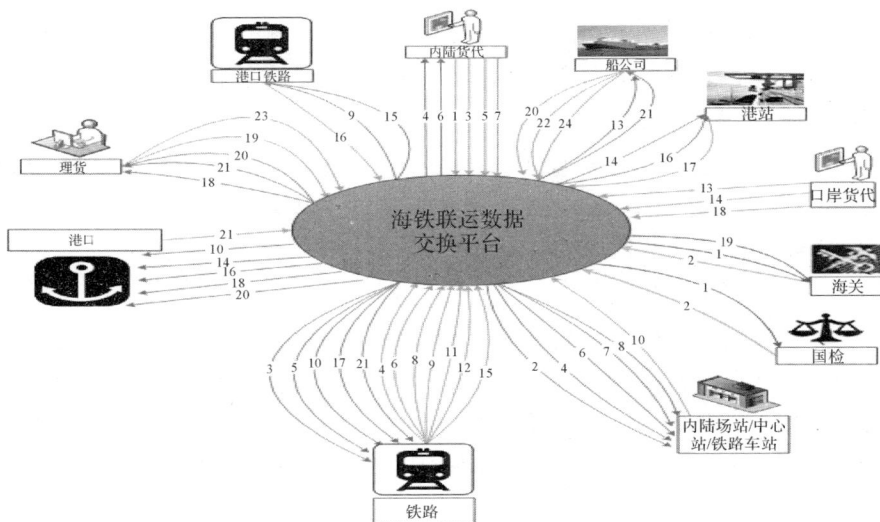

图 7-11　宁波港集装箱海铁联运数据交换平台

注：图中数字表示传输数据的个数。

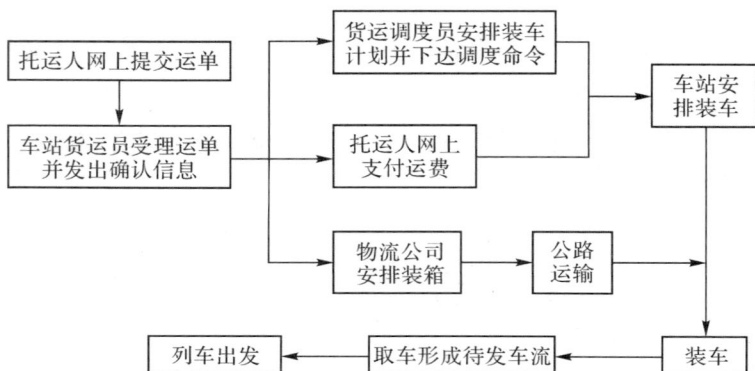

图 7-12　基于海铁联运物联网的铁路发送作业流程

（三）海铁联运铁路列车的组织形式

目前，集装箱铁路运输组织方式主要有集装箱定期直达列车、集装箱专运列车以及货物列车 3 种。

1.集装箱定期直达列车

直达列车可分为定期直达和不定期直达两种。定期直达列车又称集装箱班列，一般定点、定线、定期运行，主要用于处理稳定的整列集装箱货源，采取预约列车箱位、按期进货、准点发到的组织措施。班列的发送和到达有确定的时间，运行速度快，通常固定车底，卸货后循环装货，不轻易拆开重新编组。

2.集装箱专运列车

集装箱专运列车又称集装箱专列，为不定期直达列车，即根据运输需要临时编开的集装箱直达列车，以解决货源不均衡或者集装箱流量不定期的问题。一般在港口的铁路终端站有海运集装箱大批量到达时，或者铁路集装箱站点有运程较长的整车箱流时，组织铁路集装箱专运列车输送。

3.货物列车

对于箱流量小或者箱流量不稳定，但又须及时发运的集装箱货源，不宜组织集装箱班列或集装箱专列，通常编入货物列车运输。货物列车一般要在编组站进行编解、重组作业。

（四）海铁联运港站短驳的组织形式

由于海路和铁路运输的特性局限，目前集装箱单纯的"海运＋铁运"仍难以完全实现客户"门到门"的运输需求，在港口和内陆场站的公路短途驳运是构成海铁联运完整物流链的必要的"最后一公里"。

1. 内陆无水港提还箱流程

以宁波港为例，沿浙—赣—湘铁路线具备"集装箱提还箱"功能的无水港有 7 个，即绍兴无水港、金华无水港、永康无水港、义乌无水港、衢州无水港、上饶无水港、鹰潭无水港。宁波港已与 APL、MSK、EVG、MSC、OOCL、COS、CMA、CSC、HMM、PIL、UASC、SITC、NYK、YML、WHL、KLN、KLN、ZIM、NOS 等 19 家船公司签署管箱协议。具体无水港集装箱提还箱流程如图 7-13 所示。

2. 港站公路短驳甩挂运输

内陆无水港提还箱功能的实现，可以使集卡在内陆完成卸货后直接到内陆无水港还箱，或在内陆无水港领取空箱后，直接在内陆货主所在地装载货物，省去了到港口提还箱点提还箱所多支出的费用，节省时间和成本，加快整个运输进程。

目前，宁波港整合各地区的港口、船公司、车队、货代等资源，通过一个牵引车带多个挂车的集卡车甩挂作业，较好地发挥了短途汽车列车方式的经济性和低碳化，实现了内陆无水港和港口集装箱堆场到客户仓库的装拆箱、运输作业的高效化。具体无水港集装箱甩挂运输流程如图 7-14 所示。

集卡进入提还箱点

收取提箱凭证等	收取设备交接单、箱单等

审核提箱凭证	审核进箱单证

非本站点作业，手工出门证	非本站点作业，手工出门证

箱体检查、交接

输入提箱信息，选定箱号箱位	控制室	输入进箱信息选定箱位

打印发箱小票，包括翻箱信息	打印收箱小票

异常信息　作业指令

取消作业确认	取消作业确认

集卡进现场　　现场班实施作业　　集卡进现场

收取设备交接单、发箱小票	集卡返道口　集卡返道口	收取收箱小票

不适装货调换

箱体检查、交换	←残损箱—	客户服务残损签证

翻箱、重车出场确认	堆位、空车出场确认

打印出门证，交承运人	打印出门证，交承运人

整理单证，报表交控制室	整理单证，报表交控制室

门卫收取出门证

- - - - 外集卡流向 - - - - →

——— 操作流向 ———→

集卡离开提还箱点

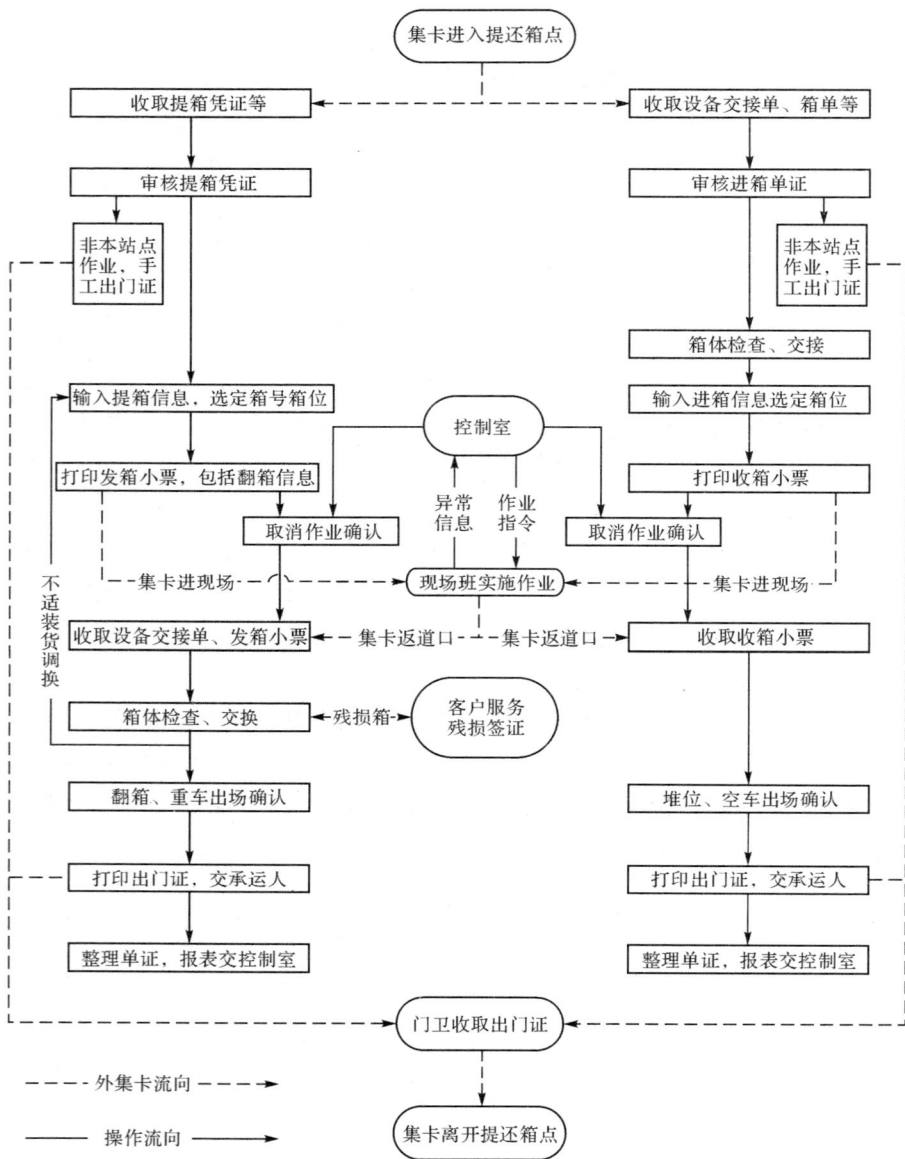

图 7-13　无水港集装箱提还箱流程

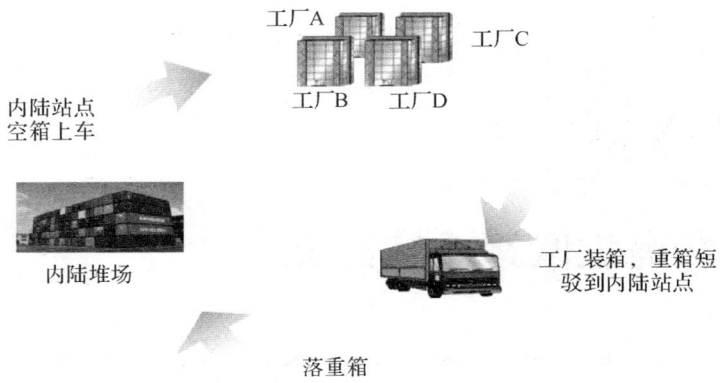

工厂A
工厂C
工厂B　工厂D

内陆站点
空箱上车

内陆堆场

工厂装箱，重箱短
驳到内陆站点

落重箱

图 7-14　内陆无水港"最后一公里"公路短驳甩挂运输流程

第八章

集装箱海铁联运系统评价

≫ ≫ ≫　　≫

集装箱海铁联运系统是一项复杂的工程。当前,我国集装箱海铁联运发展滞缓,原因涉及多个方面、多个层次。建立相对客观、全面的评价指标体系,对于剖析系统存在的问题、提高系统运营效率,具有积极的促进作用。

第一节　集装箱海铁联运系统评价指标体系

一、评价指标体系构建

根据集装箱海铁联运系统的要素构成和功能特性,建立由运输方式、运输组织、市场主体和政策环境 4 个一级指标组成的评价指标体系。其中,运输方式包括铁路、海路、公路 3 个二级指标;运输组织包括计划组织、港口服务两个二级指标;市场主体主要包括运作主体二级指标;政策环境包括运输政策、口岸服务两个二级指标。具体指标解释如表 8-1 所示。

表 8-1　海铁联运综合比较优势评价指标体系

一级指标	二级指标	具体指标	指标解释
运输方式	铁路	运输通道连通度(条)	港口城市对外运输通道的数量
		运输通道饱和度(%)	实际通过运量与设计能力之比
		重箱运价(元/TEU)	单位集装箱重箱实际运价

续表

一级指标	二级指标	具体指标	指标解释
运输方式	铁路	空箱运价(元/TEU)	单位集装箱空箱实际运价
		班列密度(班/周)	每周班列开行班次
		班列运营时间(时)	班列固定运行时间
	海路	美西航线运价(美元/TEU)	至美国西海岸典型港口重箱海运费
		美西航线班轮密度(班/周)	美国西海岸航线班轮每周在港挂靠艘次
		欧洲航线运价(美元/TEU)	至欧洲典型港口重箱海运费
		欧洲航线班轮密度(班/周)	欧洲航线班轮每周在港挂靠艘次
		东南亚航线运价(美元/TEU)	至东南亚典型港口重箱海运费
		东南亚航线班轮密度(班/周)	东南亚航线班轮每周在港挂靠艘次
	公路	码头间短驳费用(元/TEU)	不同港区码头间汽车驳运费
运输组织	计划组织	铁路计划受理承运办理时间(时)	车皮计划受理和办理时间
		租船订舱成功率(%)	海运租船订舱计划的实际兑现率
		空箱调运率(%)	铁路集装箱回程空箱所占比例
		换装次数(次)	海铁联运各环节集装箱装卸次数
	港口服务	班列装卸作业时间(时/列)	铁路班列在港装卸时间
		港站集港费(元/TEU)	港区铁路收取的相关费用
		口岸费用(含THC)(元/TEU)	港口和口岸发生的所有费用
市场主体	运作主体	运作主体资源实力	运作主体拥有的资源要素
		揽货网络健全程度	运作主体揽货网络的健全程度
		企业间协同性	运作主体与其他主体间的协调配合
政策环境	运输政策	资金补助幅度	间接或直接方式对海铁联运的补助
	口岸服务	监管场所设施配套完善程度	监管场所设施条件的完善情况
		口岸查验规范化	口岸查验制度和程序标准规范程度
		平均通关时间(时)	平均单票货物通关所用时间
		两地城市口岸合作	两地海关、国检部门的对口合作
		电子口岸信息共享与交换程度	两地电子口岸信息互联互通情况

二、评价指标权重确定

首先确定二级指标权重。根据专家意见,采用 1-9 标度方法,针对不同的评比情况给出不同的标度,构造出二级指标判断矩阵,然后利用层次分析法求解指标权重,经计算可得各项指标所占的权重分别为:铁路占0.282065,海路占 0.282065,公路占 0.095584;计划组织占 0.164407,港口服务占 0.082281;运作主体占 0.043605;运输政策占 0.024997,口岸服务占 0.024997。本次所求得的权重结果能够通过一致性检验。

对各二级指标下的具体指标,根据实践经验并综合专家意见,赋予其权重值,如表 8-2 所示。

表 8-2　具体指标赋权

具体指标	权重	具体指标	权重
运输通道连通度(条)	0.1	空箱调运率(%)	0.3
运输通道饱和度(%)	0.1	换装次数(次)	0.1
重箱运价(元/TEU)	0.2	班列装卸作业时间(时/列)	0.3
空箱运价(元/TEU)	0.2	港站集港费(元/TEU)	0.35
班列密度(班/周)	0.2	口岸费用(含 THC)	0.35
班列运营时间(时)	0.2	运作主体资源实力	0.4
美西航线运价(美元/TEU)	0.25	揽货网络健全程度	0.3
美西航线班轮密度(班/周)	0.15	企业间协同性	0.3
欧洲航线运价(美元/TEU)	0.25	资金补助幅度	1
欧洲航线班轮密度(班/周)	0.15	监管场所设施配套完善程度	0.2
东南亚航线运价(美元/TEU)	0.15	口岸查验规范化	0.3
东南亚航线班轮密度(班/周)	0.15	平均通关时间(时)	0.2
码头间短驳费用(元/TEU)	1	两地城市口岸合作	0.15
铁路计划受理承运办理时间(时)	0.3	电子口岸信息共享与交换程度	0.15
租船订舱成功率(%)	0.3		

三、宁波港集装箱海铁联运系统评价实证

根据第五章宁波港集装箱海铁联运腹地划分的结果可知,基于铁路

网现状的宁波港集装箱海铁联运的优势腹地为运距在303.8公里以上的浙江省域、江西北部、安徽南部（含合肥）区域，重点可竞争腹地为湖北。其中，最适宜宁波港开展集装箱海铁联运的城市为南昌、合肥，其次为成都，最后为武汉、重庆。

综合考虑与宁波港形成直接竞争关系的上海、深圳、青岛、天津四个港口，运用建立的集装箱海铁联运评价指标体系，分别对第一类城市南昌和第二类城市成都的集装箱海铁联运系统现状进行评价。

（一）南昌集装箱海铁联运系统现状评价

对南昌到宁波、上海、深圳、厦门四个港口城市的集装箱海铁联运系统进行模糊评判比较可得隶属度 $S_{宁波}=0.80$，$S_{上海}=0.63$，$S_{深圳}=0.44$，$S_{厦门}=0.32$；根据最大隶属度准则，总体而言，南昌集装箱海铁联运到宁波最具有优势，其他选择依次为上海、深圳、厦门。

（二）成都集装箱海铁联运系统现状评价

对成都到宁波、上海、深圳、青岛、天津五个港口城市的集装箱海铁联运系统进行模糊评判比较可得：$S_{宁波}=0.86$，$S_{上海}=0.68$，$S_{深圳}=0.61$，$S_{青岛}=0.28$，$S_{天津}=0.25$；根据最大隶属度准则，总体而言，成都集装箱海铁联运到宁波最具有优势，其他选择依次为上海、深圳、青岛和天津。

但从分项二级指标来看，宁波港与其他港口间还存在着一定差距。一是在运输方式的铁路运输通道连通度上，宁波港要劣于上海港，突出表现为对外联系的铁路基础设施不足；二是宁波港海铁联运组织中的空箱调运率和港口公路短驳费过高；三是宁波口岸环境与上海、深圳还存在一定差距，主要表现在转关、出口退税手续的便利程度和电子口岸的互联互通方面。

第二节　集装箱海铁联运系统敏感性分析

在南昌和成都的集装箱海铁联运系统现状评价的基础上，可以进一步探讨需求主体效用、铁路运输服务水平、内外贸易格局、口岸服务水平和运输政策等要素变化对系统评价结果的影响。

一、需求主体效用敏感性分析

在需求主体效用构成中,运输费用和运输时间是主要组成部分,因此,其效用变化主要考虑运输费用比运输时间重要和运输时间比运输费用重要两种情况下,宁波港对腹地城市开展海铁联运的优势变化。

当运输费用所占权重大于运输时间权重时,即假设重箱运价的权重为0.25,空箱运价的权重为0.25,班列运营时间的权重为0.1,通过计算可知,对于南昌市,各港口城市得分分别为 $S_{宁波}=0.81$,$S_{上海}=0.61$,$S_{深圳}=0.44$,$S_{厦门}=0.30$,可以看出,宁波的优势将更加明显。对于成都市,各港口城市的得分分别为 $S_{宁波}=0.69$,$S_{上海}=0.64$,$S_{深圳}=0.55$,$S_{青岛}=0.31$,$S_{天津}=0.30$,宁波仍保持领先优势,但各港口城市间的差距明显缩小。

当运输费用所占权重小于运输时间权重时,即假设重箱运价的权重为0.15,空箱运价的权重为0.15,班列运营时间的权重为0.3,通过计算可知,对于南昌市,各港口城市得分分别为 $S_{宁波}=0.79$,$S_{上海}=0.64$,$S_{深圳}=0.44$,$S_{厦门}=0.33$,虽然宁波和上海的得分有所下降,但仍保持领先优势。对于成都市,各港口城市得分为 $S_{宁波}=0.72$,$S_{上海}=0.67$,$S_{深圳}=0.61$,$S_{青岛}=0.25$,$S_{天津}=0.25$,宁波、上海、深圳的得分小幅增加,宁波相对优势微弱扩大,青岛、天津的优势有所降低。

二、铁路运输服务敏感性分析

随着宁波地区铁路建设步伐加快,甬金、沪甬(跨杭州湾)铁路规划开工建设,九景衢、沿江铁路建成通车,将显著改善铁路运输服务水平,预计腹地城市海铁联运中有关宁波和上海的铁路运输服务水平指标值如表8-3所示。

表8-3　2020年铁路运输服务水平指标值

具体指标	指标值	
	宁波	上海
运输通道连通度(条)	3	3
班列密度(班/周)	3	3
班列运营时间(小时)	48	48
铁路计划受理承运办理时间(小时)	4	4
港站集港费(元/TEU)	200	240

当 2020 年铁路运输服务水平发生变化后,对于南昌市,各港口城市得分分别为 $S_{宁波}=0.88,S_{上海}=0.69,S_{深圳}=0.44,S_{厦门}=0.29$,宁波的比较优势进一步扩大。对于成都市,各港口城市得分分别为 $S_{宁波}=0.76$, $S_{上海}=0.64,S_{深圳}=0.53,S_{青岛}=0.26,S_{天津}=0.26$,宁波的比较优势有所扩大。

三、内外贸易格局敏感性分析

"十三五"期间,宁波将加大经济结构调整力度,鼓励内贸增长,降低外贸依存度,因此,预测宁波内外贸易格局的变化会提高铁路运输需求和运输效率,降低海铁联运空箱调运率。当宁波的空箱调运率降低到 50% 时,对于南昌市,各港口城市得分分别为 $S_{宁波}=0.80,S_{上海}=0.58,S_{深圳}= 0.39,S_{厦门}=0.32$,宁波的比较优势进一步扩大。对于成都市,各港口城市得分为 $S_{宁波}=0.75,S_{上海}=0.62,S_{深圳}=0.57,S_{青岛}=0.28,S_{天津}=0.28$, 宁波的比较优势有所扩大。

四、口岸服务敏感性分析

当宁波改进口岸监管方式,提高海关、国检服务水平,在口岸服务方面达到与上海完全相同水平时,对于南昌市,各港口城市得分分别为 $S_{宁波}=0.82,S_{上海}=0.58,S_{深圳}=0.39,S_{厦门}=0.32$,宁波的比较优势将进一步扩大。对于成都市,各港口城市得分分别为 $S_{宁波}=0.77,S_{上海}= 0.62,S_{深圳}=0.57,S_{青岛}=0.27,S_{天津}=0.27$,宁波的比较优势有所扩大。

五、运输政策敏感性分析

假设 2020 年宁波在南昌、成都的海铁联运市场培育逐步成熟,当取消这两条线路的海铁联运补助时,即宁波补助幅度的指标值为 1,对于南昌市,各港口城市得分分别为 $S_{宁波}=0.78,S_{上海}=0.63,S_{深圳}=0.45$, $S_{厦门}=0.33$,宁波的比较优势缩小。对于成都市,各港口城市得分分别为 $S_{宁波}=0.68,S_{上海}=0.65,S_{深圳}=0.60,S_{青岛}=0.30,S_{天津}=0.29$,宁波的比较优势降低,但仍保持领先优势。

从上述五个方面单因素分析可知,南昌、成都至宁波港的海铁联运均比至其他港口城市有明显优势,因此,综合五个因素考虑,宁波仍然是南昌、成都海铁联运的首选港口城市。特别值得注意的是,在需求主体效用变化的分析中,需求主体对于长距离的铁路运输过于重视运输时间,以及对于中短距离的铁路运输过于重视运价的倾向,对海铁联运评价结果有较大影响。

第三节　集装箱海铁联运系统问题分析

一、国内海铁联运处于方式培育阶段,市场规模不大

（一）对海铁联运推进生态文明建设方面的作用认识不足

在中国城镇化进程中,地方政府和相关部门在生产总值目标考核至上的导向下,往往只注重眼前利益而忽视长远利益。在较长一段时间内,对于海铁联运在缓解城市拥堵、促进节能减排、推进生态文明建设方面的作用认识不足,加之长期以来受不均衡发展路径依赖的惯性下,致使投资建设铁路集疏运体系的热情不高,铁路集疏运设施建设滞后,海铁联运发展缓慢。在现有的宁波港域集疏运体系中,公路运输占据了较大比例,给城市带来了交通拥堵、污染严重等一系列问题,铁路全天候、强能力、低排放、安全可靠的优势未得到充分发挥。

党的十八大报告提出,要"树立尊重自然、顺应自然、保护自然的生态文明理念,把生态文明建设放在突出地位,融入经济建设、政治建设、文化建设、社会建设的各方面和全过程"。交通运输部在《关于加快发展现代交通业的若干意见》中要求"不断拓展交通服务领域,走资源节约、环境友好的发展之路";《交通运输"十二五"发展规划》中明确提出了绿色交通理念,初步体现了生态交通建设的本质要求和外在特点。在国家生态文明建设和"一带一路"开放战略导向下,近年来,集装箱海铁联运正不断得到各地政府和相关部门的重视。

（二）培育期集装箱腹地市场规模较小

由于我国集装箱海铁联运起步较晚,尚处于市场培育阶段。海铁联运客户资源有限,运量较小,货源不稳定。同时,相关物流企业的固有运作模式已趋成熟,参与推广海铁联运业务的积极性不高,特别是国际船公司在内陆货源地设置的还箱、取箱点与货源地不匹配,船公司给予的用箱期满足不了取送箱时间和货物在途时间,进一步增大了海铁联运业务的

推广难度。集装箱海铁联运需求和供给两方面的共同制约,导致较难形成规模性班列,使得铁路运输能力大的优势未能充分体现,在运输时间和运输价格方面的比较优势亦不明显。

以 2014 年宁波港集装箱铁路运量为例,除了经由阿拉山口过境箱之外,2014 年宁波港集装箱运输去向主要以浙江本省为主,占据了60.85%,如图 8-1 所示;箱源地则主要集中在浙江、江西,两者占据了全部箱源的 57.32%,如图 8-2 所示。腹地向内陆延伸程度有限,亟待进一步扩张。

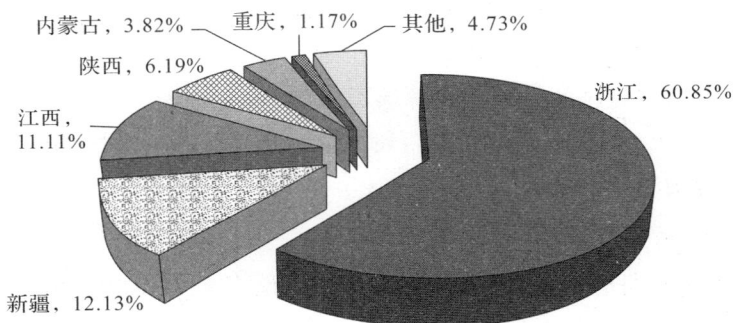

图 8-1　宁波港集装箱运输去向分布占比

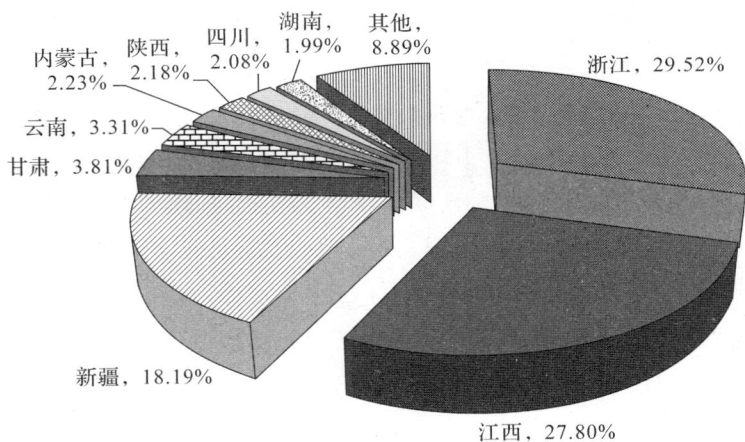

图 8-2　宁波港集装箱箱源地分布占比

二、海铁联运设施缺乏科学规划和系统建设,铁路基础设施不足

(一)港口铁路集疏运设施薄弱

大多数港口后方铁路集疏运设施不足。以宁波港为例,目前港口后方既有主要铁路通道萧甬线能力利用率达80%以上,浙赣线能力利用率达100%,均接近或已经饱和,尽管杭甬高铁即将开通,但宁波铁路枢纽北环线未能同步建成,南环线能力利用率达100%,能力瓶颈将影响北仑港货物运输,特别是相关集装箱海铁联运班列的开行;作为集装箱海铁联运关键设施之一的铁路集装箱中心站尚未开工建设,北仑港站、镇海港区集装箱年装卸作业能力分别为20万TEU和30万TEU,但既有办理站和北仑、镇海支线能力不适应未来发展需要;穿山、梅山、大榭等港区铁路支线尚未建设,滞后于港口发展,线路走向没有推进至港区码头或堆场,港铁"无缝衔接"不畅。

(二)铁路"点""线"能力不匹配

近年来铁路的快速发展,海铁联运基础设施"线"上的能力(主要体现在沿海港口直通内陆腹地大中城市的海铁联运铁路线)得到了一定程度的改善,然而在"点"上,铁路站场及货运配套设施建设投入不足,特别是铁路集装箱站场建设严重滞后,致使"点""线"能力不匹配。

(三)前、后端衔接不畅

在港口端,虽有不少港口拟建港口支线将与铁路直接衔接,但由于各方面原因致使建设滞缓或建设不科学,使得港铁之间仍需公路短驳,增加了运营成本,进一步削弱了海铁联运优势。在内陆端,缺乏针对某一特定区域铁路、公路集装箱站场布设以及场地、道路等的统一规划,在建设过程中,往往体现为重复建设和建设盲点并存。

(四)缺乏系统性建设

海铁联运是一个综合性的系统工程,既涉及海关、商品检验、卫生检验、动植物检疫机构等行政性的政府部门,也涉及铁路、港口、短途公路运输、堆场、EDI网络管理等企业性质的合作部门。因此在海铁联运基础设施建设过程中,应充分考虑各单位需求,从系统性建设的角度出发,为各部门作业衔接提供便利条件,提高海铁联运整体效率。例如,铁路支线引

入港区时,应充分考虑海关、国检等相关部门对于用地的需求,为其预留作业空间[85]。

三、铁路运输组织模式不能适应海铁联运发展的需求,运输效率低下

(一)运输的高度计划性制约集装箱运输的高效率、高效益

虽然当前铁路总公司实施货运改革的核心内容之一是推行"实货制"改革,但集装箱运输对于时效性、可靠性有较高要求,"前店"受理,落实到"后厂"兑现中,还是会受到货物列车编组计划中规定的如列车种类组织满轴编组、选择列车运行图相应的运行线组织列车运行、货物输送等因素的影响,不能完全适应集装箱运输竞争所要求的高效率、高效益的需求特征。

(二)运输组织缺乏时效性

由于在满轴集结方式中,列车重量或换长的要求是绝对的,事先的要求是相对的,而海铁联运适箱货物由于其高附加值,很难形成大批量的规模效益,因此常常会造成因某一去向的车流集结辆数到列车编组前达不到运行图所规定的长度或重量,从而导致列车不能正点出发,致使集装箱运到时间不确定,使货主无法准确协调船期,存在较大的风险。

(三)运行不稳

长期以来,我国铁路利用强度为全球之首,干线运能经常处于超饱和的状态,而且铁路集装箱运输容易受节假日客运、季节性货运、重点物资抢运等的冲击,使海铁联运运行不稳、对用户承诺的运抵时间无法保证,造成货主对铁路集装箱运输信任度下降,进而致使铁路联运货源逐步流失。

(四)空箱难运

由于国家长期的出口导向产业政策影响,我国港口集装箱运输外贸箱占比高、外贸箱中出口重箱占比高,"两高"态势必然带来重箱流向明显失衡。对于需要调入空箱才能运出重箱的内陆地区,铁路调运空箱难也成了制约集装箱海铁联运发展的原因之一。不论是大陆桥还是国内的集装箱海铁联运,回程货源不足已成为成本居高不下的主要原因。重庆在

2011 年 1 月就开通了"渝新欧"国际联运大通道,大量的笔记本电脑通过"渝新欧"直接运往欧洲,也包括沿线的其他国家。但直至 2013 年 3 月都是单向运行(均为去程),2013 年 3 月 19 日才迎来唯一的一班回程。

(五)货物限运制约

现有的铁路限运政策,对危险品、化工品、冷藏箱等"特种货物"都有明确限运规定,同时,铁路箱下海难。

四、缺乏强有力的信息集成协调机制,信息服务不足

(一)海铁联运信息分散,集成共享不足

海铁联运信息资源分布在不同的部门、不同的运输方式中。在现有体制的管理模式和施政取向下,海铁联运信息化建设成就更多地体现为港口、铁路、海关等系统的自身完善上。条块分割的管理模式使得各环节业务信息公开、共享程度不匹配。其中,港航环节的信息比较透明,铁路环节的信息相对封闭;海关、商检、码头之间,业务信息可以做到共享,铁路信息尚未整合共享;静态信息较多并容易得到,实时动态信息很少且难以获取。致使政府监管部门缺乏第一手的、全面的、实时性的、自动化的信息采集与精益统计,造成了不同运输方式之间的货物运输数据信息资源集成度低。

(二)海铁联运信息尚未实现全程追踪,降低系统的整体效率

信息难通是海铁联运用户遇到的普遍情况。海铁联运系统提供给货主的物流信息不足,也无法为货主提供"一站式"全程物流信息追踪服务,使货主不能及时掌握货物在各环节的实施信息,导致货主测算物流费用及时间消耗不准。由于各种运输方式之间缺少有效的信息交换途径,无法为各环节提高物流效率和为运输组织效率提供足够的信息支撑,导致联运转换作业各个环节缺乏高效的协作和衔接,货物的堆存和准备时间长,货物周转慢,港口车船装卸转换作业效率低,铁路运力资源调配难度大,货物运输成本较高。

五、利益分配和风险分担机制缺失,企业协同较难

海铁联运业务全流程参与的管理部门和企业主体众多,成本影响因素复杂。根据发达国家经验,在前期推广海铁联运的过程中,各相关管理

部门应予以一定的鼓励和扶持。目前，我国相关管理部门对推广海铁联运业务的积极性各不相同。例如，在港口支线建设方面，我国铁路主管部门建设任务依然艰巨，面临巨大的铁路投资需求，投资建设的热情不高。受经济条件、财政状况等各方面因素影响，地方政府主导建设的力度不足。

由于缺乏明确的利益分配机制，我国相关管理部门未能根据其他部门的鼓励措施和扶持政策，适时、适当地调整本部门政策，使得海铁联运整个业务流程出现"一点热""数点热"而"多点冷"的局面，难以形成推广合力。

由于缺乏明确的风险分担机制，各企业主体在海铁联运运营组织上缺乏相互间的协调。铁路、港口和船公司凭借其控制的要素资源，在海铁联运系统中占据绝对优势地位；而货代、集卡等直接面向货源的经营主体普遍规模偏小、分布分散，在海铁联运系统中议价和组织能力较弱，服务功能和服务信誉有待提高，基本处于相对弱势地位。系统中企业主体间的地位悬殊，使得链条上的各方既相互依赖，又彼此控制，难以达成满意的海铁联运合作组织形式。

六、政府监管部门条块分割严重，技术标准化制度滞后

(一)监管部门条块分割严重

集装箱多式联运管理，涉及国家发改委、交通运输部、商务部、海关总署、国家质检总局、人民银行等多个部门，各管理部门只管辖属于部门或行业内的运输业务，其制定的实施细则和管理办法只适用于其所管辖业务，而对集装箱运输跨部门、跨行业的运输环节和全部过程则缺少协调管理者，也很难有效协调有关执法部门的行动。在现有的宏观管理体制下，难以形成一个总体的集装箱运输发展思路与规划。各地方、各种运输方式各自为政，对集装箱运输的场站建设、集疏运配套、货源组织及货代等缺乏规划布局和指导。交通运输部作为集装箱港口及集装箱运输市场的监管部门，无法有效整合铁路运输资源，而集装箱运输的信息化建设也无力推动与海关监管部门的有效整合。各部门的监管程序烦琐，跨区域一体化通关机制和流程还有待完善。

（二）技术标准化制度滞后

1. 联运规则亟须完善

国际上，《国际铁路货物联运协定》和《国际铁路货物运送公约》两大运输法体系，在连带责任、费用清算、交货条件等主要条款方面自成体系，各行其是，造成中欧之间大陆桥海铁联运衔接困难。国内《海商法》《铁路货物运输规程》和《铁路货物运价规则》既有交叉内容，又有监管空白，存在监管程序烦琐、执法尺度不一、职责范围不清等问题。1997年版的《国际集装箱多式联运管理规则》废止后，新规则尚未出台。海铁联运流程及"铁路、海路、装卸一票制"操作模式不统一；铁路运输与海运在运票、运价和违约补偿等方面明显不一致；路、港、船、货等自成一体，信息割裂；铁路、公路和水路运输在一体化组织中的货物交接、合同运单、信息共享、责任划分、保险理赔等方面的制度和规范都有待对接统一。

2. 单证标准化有待规范

纸面单证一直是我国口岸普遍使用的传统信息载体，单证数据的电子化和无纸化申报工作推进缓慢，影响了海铁联运的通关时间进程。同时，由于海铁联运各个作业是分段进行的，单证不统一，有各种格式标准和流程，造成单据、货票重复操作现象严重，各作业环节衔接不畅、出错率高，延长了集装箱海铁联运系统的非生产作业时间。

3. 物流信息标准难以统一

集装箱海铁联运物流信息分散在各个部门和各个区域，其物流信息标准化系统属于二次系统，或称后标准化系统（物流系统思想形成晚，各子系统已实现了各自的标准化）。由于在不同国家、地区，不同行业之间已经有了存在多年的自身的经营标准，因此，连接这些方面的物流，等于要将这些标准统一起来，其所存在的困难可想而知。

第九章

集装箱海铁联运
企业组织形式

≫ ≫ ≫　　≫

港口经营、海运和铁运企业形成战略结盟，是完善集装箱海铁联运系统作业流程、提高多式联运效率的有效途径。目前，我国对海铁联运企业结盟对策的研究仅停留在理论探讨的初级阶段。本章在分析了海铁联运企业结盟的虚拟企业特征前提下，提出海铁联运企业结盟的分层（heterarchical）组织结构；在详细分析智能体引入海铁联运企业结盟运作模式优势的基础上，针对结盟构建的流程提出了基于多代理（agent）的海铁联运企业结盟运作模式，并论述了企业结盟的利润分配模式。

第一节　基于博弈论的海铁企业联盟机制分析

一、海运和铁运企业的博弈模型

（一）基本模型

运输企业战略联盟是由具有同种或类似运输方式的运输企业组成的联盟，而海运企业和铁运企业之间的联盟形式属于横向联盟的范畴。

（1）把博弈模型定义为两个参与人的博弈过程，即海运企业 A 和铁运企业 B 就是否参与战略联盟的对称博弈，且该博弈满足有限理性的假设。两个物流企业的博弈策略为 S_1（参与联盟）和 S_2（不参与联盟）。

（2）海运企业联盟的概率为 P_1，铁运企业联盟的概率为 P_2，该港口海铁联运市场繁荣的概率为 P。当港口海铁联运市场处于低迷状态时，该状态对物流企业的影响程度为 $\alpha(0<\alpha<1)$。

（3）当两博弈参与者都选择参与联盟策略时，海运企业 A 和铁运企业 B 将为组建该战略联盟投入成本（信息和沟通成本）C_{S1} 和 C_{S2}，两个企业分别从战略联盟中获取利润 U_{S1} 和 U_{S2}。

（4）当两博弈参与都选择不参与联盟策略时，海运企业 A 单独开辟一条线路面对的成本为 C_1，利润额为 U_1；同理，铁运企业 B 面对的成本是 C_2，利润额为 U_2。假设 $C_1>C_{S1}$，$C_2>C_{S2}$，并且 $C_1+C_2>C_{S1}+C_{S2}$。

（二）模型最优解

海运企业和铁运企业的期望收益分别用 E_A 和 E_B 代替，则有

$$E_A = PP_1P_2(U_{S1}-C_{S1}) + P(1-P_1)(U_1-C_1) + (1-P)P_1P_2(\alpha U_{S1}-C_{S1}) + (1-P)(1-P_1)(\alpha U_1 - C_1) \tag{9-1}$$

$$E_B = PP_1P_2(U_{S2}-C_{S2}) + P(1-P_2)(U_2-C_2) + (1-P)P_1P_2(\alpha U_{S2}-C_{S2}) + (1-P)(1-P_1)(\alpha U_2 - C_2) \tag{9-2}$$

对式（9-1）和式（9-2）求导，可得

$$\frac{\partial E_A}{\partial P_1} = PP_2(U_{S1}-C_{S1}) - P(U_1-C_1) + (1-P)P_2(\alpha U_{S1}-C_{S1}) - (1-P)(\alpha U_1 - C_1) \tag{9-3}$$

$$\frac{\partial E_A}{\partial P_2} = PP_1(U_{S2}-C_{S2}) - P(U_2-C_2) + (1-P)P_1(\alpha U_{S2}-C_{S2}) - (1-P)(\alpha U_2 - C_2) \tag{9-4}$$

假设式（9-3）和式（9-4）等于零，则可以求出最优解：

$$P_1^* = \frac{[P+(1-P)\alpha]U_2 - C_2}{[P+(1-P)\alpha]U_{S2} - C_{S2}} \tag{9-5}$$

$$P_2^* = \frac{[P+(1-P)\alpha]U_1 - C_1}{[P+(1-P)\alpha]U_{S1} - C_{S1}} \tag{9-6}$$

（三）模型结果分析

P_1^* 为海运企业发出联盟意愿的概率，由 $P_1^* = \dfrac{[P+(1-P)\alpha]U_2 - C_2}{[P+(1-P)\alpha]U_{S2} - C_{S2}}$

可以得到如下分析：

（1）P_1^* 与 C_2 成反比。铁运企业单独开辟运输线路成本越小，海运企业的发出联盟意愿的概率越大。因为铁运企业单独开辟运输线路成本是该企业在开辟运输路线能力的直接反映。成本越小，说明该企业开辟线路的能力越强，进而海运企业发出邀请来利用该铁路企业优势资源减少本企业开辟线路成本的概率越大。

（2）U_2 的含义是铁路企业单独开辟运输线路所获得的利润。根据均衡解可以看出，U_2 与 P_1^* 成正比，即铁运企业单独开发项目后的收益值越大时，海运企业与其建立联盟的概率越大。企业的收益值在一定程度上也表明了企业整合资源的优势，企业的收益值越大，说明企业整合资源优势越强，越能吸引企业与其联盟来利用其优势资源弥补本企业在此方面的劣势。

（3）U_{S2} 被认为是铁运企业在联盟中的收益值。假设联盟总的收益是定值，因此当铁运企业在联盟中的收益值越大时，海运企业在联盟中的收益值就越小，海铁企业建立联盟的概率越小。

（4）C_{S2} 是铁运企业联盟收益 U_{S2} 所对应的成本值，它与均衡解成正比。因为联盟的成本是固定的，铁运企业成本所占的比重越大，则海运企业投入的成本相对就较小。这样有利于海运企业发出联盟意愿。

（5）港口海铁联运市场繁荣概率 P 与均衡解 P_1^* 成反比。也就是说，当港口海铁联运市场越趋于繁荣时，海运企业和铁运企业之间独立开辟线路的概率较大，联盟概率较越小。

P_2^* 为铁运企业发出联盟意愿的概率，由

$$P_2^* = \frac{[P+(1-P)\alpha]U_1 - C_1}{[P+(1-P)\alpha]U_{S1} - C_{S1}}$$

可以得到如下分析：

（1）海运企业新设线路成本 C_1 前的系数为 -1，意味着新设航线成本 C_1 与均衡解 P_2^* 成反比。也就是说，海运企业新设线路成本越小，则说明该企业整合海运优势资源的能力越强，进而铁运企业越倾向于向海运企业发出联盟信号，以利用其优势资源。

（2）U_1 的含义是海运企业单独开辟运输线路所获得的利润。根据均衡解可以看出，U_1 与 P_2^* 成正比，即海运企业单独开发项目后的收益值

越大,铁运企业与其建立联盟的概率越大。

(3)U_{S1}是海运企业在联盟中的收益,同样地,在总联盟收益固定的前提下,海运企业的收益值越大,铁路运输企业的收益值就越低,联盟建立的可能性就越小。

(4)C_{S1}是铁运企业联盟收益U_{S1}所对应的成本值,它与均衡解P_2^*成正比。海运企业成本所占的比重越大,铁运企业投入的成本就越小,则铁路企业发出联盟意愿更强。

二、不同条件下海运和铁运企业的收益分析

(一)竞争条件下的收益分析

假定海运企业 A 和铁运企业 B 分别位于区域甲和区域乙,其中海运企业 A 主要在甲区域从事运输活动,铁运企业 B 主要在乙区域从事运输活动,由于两家运输企业受各自所在区域的地方政策、基础设施、地方保护主义及市场竞争等各方面因素的影响,所以各自基本上只能在自己的区域内运营,且仅能提供两区域间的单程运输服务,极少在对方区域内进行返程运输服务。

假定 A 和 B 的市场逆需求函数分别为

$$P_1 = a_1 - b_1 Q_1 - c_1 Q_{21} \qquad (9-7)$$

$$P_2 = a_2 - b_2 Q_2 - c_2 Q_{12} \qquad (9-8)$$

其中,P_1 为海运企业 A 提供的单位集装箱运价,P_2 为铁运企业 B 提供的单位集装箱运价;$a_1 > 0$ 表示在甲区域货物运输市场的最高理论价格,$a_2 > 0$ 表示在乙区域货物运输市场的最高理论价格;Q_1 和 Q_{12} 表示海运企业 A 分别在甲区域和乙区域的集装箱运量,Q_2 和 Q_{21} 表示铁运企业 B 分别在乙区域和甲区域的集装箱运量;$b_1 > 0$ 和 $b_2 > 0$ 分别表示海运企业 A 对甲区域集装箱运输的影响力和铁运企业 B 对乙区域集装箱运输的影响力;$c_1 > 0$ 和 $c_2 > 0$ 分别表示铁运企业 B 对甲区域集装箱运输的影响力和海运企业 A 对乙区域集装箱运输的影响力。由于各运输企业在自己的地区有绝对的影响力,所以可以假设 $b_1 = c_1$,$b_2 = c_2$。仍然假设运输企业的运输成本与集装箱运量的关系如下:

$$T_i = t_i(Q_i),\text{其中 } t_i > 0,(i=1,2)$$

t_i 表示平均每个单位集装箱所需要的可变成本,不考虑固定成本。

则海运企业 A 的利润为

$$\pi_1(Q_1) = (a_1 - b_1 Q_1 - c_1 Q_{21})Q_1 + (a_2 - b_2 Q_2 - c_2 Q_{12})Q_{12}$$
$$- t_1(Q_1 + Q_{12}) \tag{9-9}$$

则铁运企业 B 的利润为

$$\pi_2(Q_2) = (a_2 - b_2 Q_2 - c_2 Q_{12})Q_2 + (a_1 - b_1 Q_1 - c_1 Q_{21})Q_{21}$$
$$- t_2(Q_2 + Q_{21}) \tag{9-10}$$

分别对式(9-9)关于 Q_1、Q_{12} 和式(9-10)关于 Q_2、Q_{21} 求导,可得

$$\frac{\partial \pi_1(Q_1)}{\partial Q_1} = a_1 - 2b_1 Q_1 - c_2 Q_{21} - t_1 \tag{9-11}$$

$$\frac{\partial \pi_1(Q_1)}{\partial Q_{12}} = a_2 - b_2 Q_2 - 2c_2 Q_{12} - t_1 \tag{9-12}$$

$$\frac{\partial \pi_2(Q_2)}{\partial Q_2} = a_2 - 2b_2 Q_2 - c_2 Q_{12} - t_2 \tag{9-13}$$

$$\frac{\partial \pi_2(Q_2)}{\partial Q_{21}} = a_1 - b_1 Q_1 - 2c_1 Q_{21} - t_2 \tag{9-14}$$

令上述四个式子为零,联立四式,可求得

$$Q_1^* = \frac{a_1}{3b_1} + \frac{t_2 - 2t_1}{3b_1} \tag{9-15}$$

$$Q_{12}^* = \frac{a_2}{3c_2} + \frac{t_2 - 2t_1}{3c_2} \tag{9-16}$$

$$Q_2^* = \frac{a_2}{3b_2} + \frac{t_1 - 2t_2}{3b_2} \tag{9-17}$$

$$Q_{21}^* = \frac{a_1}{3c_1} + \frac{t_1 - 2t_2}{3c_1} \tag{9-18}$$

代入式(9-7)和式(9-8)可得

$$P_1^* = \frac{a_1}{3} + \frac{t_1 + t_2}{3} \tag{9-19}$$

$$P_2^* = \frac{a_2}{3} + \frac{t_1 + t_2}{3} \tag{9-20}$$

此时,海运企业 A 的利润为

$$\pi_1^* = \frac{1}{9b_1}(a_1 + t_2 - 2t_1)^2 + \frac{1}{9c_2}(a_2 + t_2 - 2t_1)^2 \tag{9-21}$$

铁运企业 B 的利润为

$$\pi_2^* = \frac{1}{9b_2}(a_2 + t_1 - 2t_2)^2 + \frac{1}{9c_1}(a_1 + t_1 - 2t_2)^2 \qquad (9\text{-}22)$$

则总利润为

$$\pi^* = \frac{1}{9b_1}(a_1 + t_2 - 2t_1)^2 + \frac{1}{9c_2}(a_2 + t_2 - 2t_1)^2 + \frac{1}{9b_2}(a_2 + t_1 - 2t_2)^2$$

$$+ \frac{1}{9c_1}(a_1 + t_1 - 2t_2)^2 \qquad (9\text{-}23)$$

由于 $t_1 < t_2$，则 $\pi^* \leqslant \dfrac{2}{9b_1}(a_1 - t_1)^2 + \dfrac{2}{9b_2}(a_2 - t_2)^2$。

(二)联盟条件下的收益分析

两家企业由于分属于不同的区域市场，因此在各自的区域不存在竞争，两地之间的海铁联运业务是合作的关系。当两家企业组成战略联盟时，则两家企业的市场逆需求函数为：$P_1 = a_1 - b_1 Q_1$ 和 $P_2 = a_2 - b_2 Q_2$。对于成本，仍假设两家运输企业组建联盟后在单位集装箱的运输成本都进行了优化改善，仍假设 $t_0 \leqslant \min(t_1, t_2)$。因此，联盟利润为

$$\pi = (a_1 - b_1 Q_1)Q_1 + (a_2 - b_2 Q_2)Q_2 - t_0(Q_1 + Q_2) \qquad (9\text{-}24)$$

显然，上式是关于 Q_1 和 Q_2 的凹函数，对上式分别关于 Q_1 和 Q_2 求导，并令其为零，可得

$$Q_1^* = \frac{a_1 - t_0}{2b_1} \qquad (9\text{-}25)$$

$$Q_2^* = \frac{a_2 - t_0}{2b_2} \qquad (9\text{-}26)$$

$$P_1^* = \frac{a_1 + t_0}{2} \qquad (9\text{-}27)$$

$$P_2^* = \frac{a_2 + t_0}{2} \qquad (9\text{-}28)$$

所以，联盟利润为

$$\pi^* = \frac{1}{4b_1}(a_1 - t_0)^2 + \frac{1}{4b_2}(a_2 - t_0)^2 \qquad (9\text{-}29)$$

比较两家企业在组建联盟前和组建联盟后的利润，可得

$$\pi^* - \pi_1^* - \pi_2^* = \frac{1}{36b_1}(a_1 - t_0)^2 + \frac{1}{36b_2}(a_2 - t_0)^2 > 0 \qquad (9\text{-}30)$$

即两家企业组建战略联盟后的总利润大于组建联盟前竞争条件下的总利润。

第二节　基于夏普利值的海铁联运企业联盟利润分配

合理的利益分配和成本分担,是海运和铁运企业战略联盟存在和稳定的基础。合作博弈理论是研究有效合作协议下战略联盟内收益分享和成本分担的有效方法。一般而言,有效的运输企业战略联盟需满足如下两个条件:

(1)运输企业战略联盟的总利润要高于成员企业单独经营的利润之和;

(2)运输企业战略联盟内部要存在具有帕累托改进(Pareto improvement)性质的利益分配规则,即成员企业的利润比结盟之前的利润要大。

一、夏普利值法利益分配模型

夏普利(Shapely)值法是联盟利润分配方法中相当重要的一种,它的原理是将收益或成本根据所有的边际贡献或边际成本共同承担或分摊,再叠加考虑各种联盟顺序因素,这些排列顺序的可能性都是相同的,即把每位博弈参与人对联盟的全部边际贡献的期望均值作为参与人所获得的利益。夏普利值法是联盟博弈的一个重要的解,在实践中尤其是解决合作各方收益分配时有着更广阔的应用前景。博弈问题中的参与人,通常都会事先预测他们可以获得多少收益,事先的预期对这些参与人决策参与博弈与否十分重要。夏普利值是参与人对联盟的贡献期望边际价值。重大联盟的获利能力的基础就是全部收益分配中的"公平"概念,这种方法就是将合作对策(S,V)的夏普利值作为每个成员的分配额。

(一)模型假设

在运输企业的竞争基础上,加入企业进行合作的互惠系数,对运输企业建立合作模型,假设如下:

(1)n人的博弈中,$N=\{1,2,\cdots,n\}$,N的任意子集S成为联盟策略。为便于计算,假设把空集$\varnothing$和全集N也称为策略联盟,所以单点集$\{i\}$也是一个策略联盟。

(2)给定一个n人博弈,S是一个联盟,$v(S)$是指S和$N-S=\{i|i\in N,i\notin S\}$的两人博弈中$S$的最大效用,$v(S)$成为联盟的特征函数。同样,为便于计算,假设$v(\varPhi)=0$。$v(i)$表示参与人$i$与全体其他人博弈时的最

大效用值。对于联盟 S 和 R，如果 $R \cap S = \varnothing$，则 $v(R \cup S) \geqslant v(R) + v(S)$。因为只有当联盟获取比非联盟状态更高的收益，联盟才有存在的意义。

（二）基本模型

夏普利值法利益分配模型是在满足了下面条件的基础上成立的：

（1）$v(\Phi) = 0$；

（2）$v(R \cup S) \geqslant v(R) + v(S)$，并且 $R \cap S = \Phi$；

（3）$\displaystyle\sum_{i=1}^{m} x_i = v(S)$，且 $x_i \geqslant v(i), i \subset S$。

如果满足了上面的各项要求，就可以计算出一种联盟的分配方案向量 $\boldsymbol{\varphi}(v) = \{\varphi_1(v), \varphi_2(v), \cdots, \varphi_n(v)\}$，并且这个向量还要满足：

（1）$\displaystyle\sum_{i \in N} \varphi_i(v) = v(N)$ 表示 φ_i 的值是博弈载体值的一种分配；

（2）对任意置换 π 和 $i \in N$，$\varphi_{\pi(i)}(\pi v) = \varphi_i(v)$，表示夏普利值具有不变性，与参与人的编号顺序无关；

（3）对于任意给定的两个博弈 u 和 v，有 $\varphi_i(u + v) = \varphi_i(u) - \varphi_i(v)$，表示夏普利值具有一种可加性，相当于 n 个人同时独立进行两个博弈，而每个联盟的收益正好等于两个博弈分别进行时的收益之和。

则存在唯一的夏普利值 $\varphi_i(v)$，

$$\varphi_i(v) = \sum_{\substack{S \subset N \\ i \in S}} \frac{(s-1)!(n-s)!}{n!} [v(S) - v(S - i)] \tag{9-31}$$

其中，s 为联盟 S 中元素的个数。为了表达方便，假设 $w(s) = \dfrac{(s-1)!\ (n-s)!}{n!}$，则上式简化为：

$$\varphi_i(v) = \sum_{\substack{S \subset N \\ i \in S}} w(s) [v(S) - v(S - i)] \tag{9-32}$$

在夏普利值法分配方案中，考虑了各参与人对联盟总收益的贡献程度，并以此为分配依据进行收益的分配。这体现了按照贡献大小分配的原则，避免了平均分配带来的弊端，调动了各参与方的积极性。由此可以看出，夏普利值法是一种比较合理的分配方式，但是它并未考虑联盟各成员所分担的风险以及风险对利益的影响。我们在这一节中讨论的改进的夏普利值利益分配模型，就是基于风险因素的联盟利益分配模型。

二、基于风险评估的夏普利值法利益分配模型

运输企业面临的风险是复杂多样的,也是其参与联盟考虑的主要因素。

(一)运输企业的风险指标体系

经过咨询企业管理者、行业权威人士和实践经验丰富的员工等,建立起运输企业技术因素、市场因素、日常管理和财务管理 4 个二级指标、20个三级风险评价指标,并利用层次分析法的主观分析和因子分析法的客观分析相结合,确定了相关指标的权重,如表 9-1 所示。

表 9-1　运输企业风险综合评价指标体系

一级指标	二级指标	三级指标	权重	综合权重
运输企业风险综合评价指标	技术因素 (0.400)	固定资产替代性 x_8	0.298	0.119
		机械设备技术性 x_9	0.178	0.071
		运输人员的稳定性 x_{12}	0.056	0.022
		生产能力 x_{15}	0.097	0.039
		货运安全 x_{16}	0.097	0.039
		固定资产安全 x_{17}	0.097	0.039
		人员安全 x_{18}	0.178	0.071
	市场因素 (0.307)	海铁联运市场影响 x_1	0.374	0.115
		企业竞争力 x_2	0.081	0.025
		潜在竞争者的影响 x_3	0.151	0.046
		企业营销能力 x_4	0.151	0.046
		国家运输政策的影响 x_{19}	0.081	0.025
		宏观经济的影响 x_{20}	0.162	0.050
	日常管理 (0.159)	人力资源 x_{10}	0.514	0.082
		信息资源 x_{11}	0.106	0.017
		管理者能力 x_{13}	0.19	0.030
		决策的科学性 x_{14}	0.19	0.030
	财务管理 (0.134)	资金流动能力 x_5	0.164	0.022
		资产盈利能力 x_6	0.539	0.072
		固定资产折旧率 x_7	0.297	0.040

（二）考虑风险因素的利益分配

未改进的夏普利值法计算利益分配的时候，并没有考虑各运输企业实际承担风险的大小，也就是说，默认为各企业所承担的风险都是 $1/n$。当考虑实际风险时，假设企业 i 实际承担的风险为 R_i，那么每个企业实际承担的风险与平均风险之差为 $\Delta R_i = R_i - 1/n$，显然有 $\sum\limits_{i=1}^{m} \Delta R_i = 0$。

为验证夏普利模型在海铁联运企业结盟中的有效性，下面设计了一个实际算例。为了计算的方便，算例中的数值不设量纲。

现在有海运企业 A、铁运企业 B、港口经营企业 C。这三家企业单独经营集装箱海铁联运业务可获利 25 单位、30 单位和 20 单位；A 和 B 联合，可以获利 70 单位；A 与 C 联合，可以获利 50 单位；B 和 C 联合，可以获利 60 单位；三家联合，则可以获利 105 单位，平均每家获利 35 单位。这个值虽然大于每家独立经营的利润，但是由于平均分配，对于原先获利能力较大的企业来说就很难调动他们的积极性。而且 A 和 B 两家联盟时的利润为 70 单位，三家联合的利润也是 70，他们会选择两家联合，有可能不愿意加入联盟。

按照夏普利值法计算 $\varphi_i(v)$ 的值，三个企业分配收益计算过程如下：

1. 企业 A 收益和风险计算

收益值：

$$\varphi_A(v) = \frac{0!\ 2!}{3!} \times 25 + \frac{1!\ 1!}{3!} \times [(70-25)+(50-25)] + \frac{2!\ 1!}{3!} \times (105-60) = 35$$

风险值：

经过专家打分，企业 A 的风险向量值 $r_A = (r_{A1}, r_{A2}, \cdots, r_{A20}) = (3, 4, 4, 2, 5, 4, 6, 5, 4, 6, 3, 5, 2, 3, 5, 3, 4, 2, 4, 5)$，则企业 A 面临的总风险为：$R_A = 3.971$。

2. 企业 B 收益和风险计算

收益值：

$$\varphi_B(v) = \frac{0!\ 2!}{3!} \times 30 + \frac{1!\ 1!}{3!} \times [(70-30)+(60-30)] + \frac{2!\ 1!}{3!} \times (105-50) = 40$$

风险值：

经过专家打分，企业 B 的风险向量值 $r_B=(r_{B1},r_{B2},\cdots,r_{B20})=(3,2,$ $5,3,2,4,5,6,3,2,7,5,4,3,2,4,3,4,2,3)$，则由公式可得企业 B 面临的总风险为：$R_B=3.661$。

3. 企业 C 收益和风险计算

收益值：

$$\varphi_C(v)=\frac{0!\ 2!}{3!}\times 20+\frac{1!\ 1!}{3!}\times\big[(50-20)+(60-20)\big]+\frac{2!\ 1!}{3!}$$
$$\times(105-70)=30$$

风险值：

经过专家打分，企业 C 的风险向量值 $r_C=(r_{C1},r_{C2},\cdots,r_{C20})=(4,3,$ $2,3,6,4,2,3,4,5,3,3,4,5,4,2,2,5,3,3)$，则由公式可得企业 C 面临的总风险为：$R_C=3.514$。

计算可知，三家企业的利润分配向量为$(35,40,30)$。三家企业所承担的风险向量为$(3.971,3.661,3.514)$，将风险向量归一化可得$(0.356,$ $0.328,0.316)$。于是可得 ΔR_i 分别为 $0.023,-0.005,-0.018$。因此，利润分配修正值应为 $\Delta R_i\times\varphi(v)$，$\varphi(v)=105$，可得在风险不等的情况下各运输企业所得利润为

$$\varphi_A^*(v)=\varphi_A(v)+\Delta R_A\times\varphi(v)=35+0.023\times105=37.415$$
$$\varphi_B^*(v)=\varphi_B(v)+\Delta R_B\times\varphi(v)=40-0.005\times105=39.475$$
$$\varphi_C^*(v)=\varphi_C(v)+\Delta R_C\times\varphi(v)=30-0.018\times105=28.11$$

可见，$\varphi_A^*(v)+\varphi_B^*(v)+\varphi_C^*(v)=105$。修正后各企业的利润分配量比风险平均下的分配量更加合理，承担较大风险的企业获得相对较高的利润。

综上所述，博弈模型结果表明：

(1)建立联盟的收益大于不联盟的收益。海运和铁运企业会选择最优的成本投入促使其在海铁联运联盟中的收益最大，联盟后的收益明显大于未联盟的收益，此时的超额收益使得联盟有扩大的趋势。

(2)通过夏普利值分配可以有效维持联盟长期稳定。根据海运、铁运、港口经营企业在海铁联运联盟中对联盟利润的贡献大小进行分析计算，能够促进受益分配尽可能公平合理。海铁联运联盟依据夏普利值进

行分配可以有效地维护联盟的稳定性。

(3)海铁联运联盟合作是海运、铁运和港口经营企业共生存、同发展的必然趋势。在全球供应链激烈的竞争环境下,"船老大""铁老大"和"港老大"只有各自放下身段、团结合作,才能在集装箱海铁联运市场上获得更大的发展空间和更高的收益保障。

第十章

集装箱海铁联运政策评估

> > > >

多式联运的政策变化和制度变迁,对集装箱海铁联运的发展有极大的影响。发达国家把推进海铁等多式联运发展作为减少交通运输行业碳排放的重要举措,政策扶持是政府初期培育海铁联运市场的主要手段。宁波市自 2009 年开展港口集装箱海铁联运以来,先后制定发布了两次扶持政策。

第一节　欧美国家多式联运政策变迁

一、欧盟多式联运政策变迁

欧盟交通委员会作为欧盟各成员国的各种运输方式综合协调机构,多年来致力于推动公铁联运、铁水联运,在管理体制和政策体系方面都有比较成熟的经验。进入 21 世纪后,又不断地从宏观指导和微观促进的角度,指引和规范多式联运的发展。

20 世纪末,欧盟的公路交通状况日益恶劣,许多地区的交通干道出现了严重的交通拥挤,交通运输方式发展也不协调,可持续交通发展形势极为严峻。据估计,在 2000 年,欧盟公路运输交通拥挤所产生的额外成本相当于整个欧盟 GDP 的 0.5％;整个欧盟交通部门的 CO_2 气体的排放量,公路交通方式占 84％[86]。在这一背景下,欧盟开始重视多式联运的环保节能优势。欧盟交通委员会不断地从欧盟全局高度和具体实施层面制定多式联运政策,包括交通政策白皮书、物流运输行动计划、对成员国之间的联合运输建立通用准则的指令和马可波罗计划等。

(一)欧盟交通政策白皮书

2001年12月,由欧盟交通委员会组织制定,欧盟委员会颁布的《面向2010年的欧盟交通运输政策:时不我待》交通白皮书,提出要发挥各种运输方式各自优势的发展战略,多式联运逐渐成为欧盟交通政策的主要鼓励方向。这部白皮书将平衡各种运输方式的作用并作为欧洲交通发展的一个主要目标,建议合理地管理不同运输方式之间的竞争,建议开放铁路货运市场以促进铁路复兴,促进港口与铁路、内河航道、沿海航线(海上高速公路)连接的通道建设,推动多式联运服务项目(马可波罗计划、多式联运信息化、货运一体化等)的启动等。

2006年6月,欧盟对2001年的交通白皮书进行了中期评价和修订,更加重视货物运输向环保运输方式的转移,尤其是在长距离和拥挤的交通干道上。而铁路运输方式由于具有较强的环保性得到了更加明确的政策倾斜,如制定政策促进铁路物流的发展、推动先进的IT技术开发以促进铁路的智能货运等。中期修订还指出,欧盟将不断地通过公路运输的"外部成本内部化"措施,促进公路货运价格的合理化;政府应注重与多式联运参与人之间的合作和沟通,帮助修改和简化多式联运流程,促进多式联运服务链的整合。白皮书的中期修订为欧盟多式联运的持续发展注入了新的动力,促进了铁路和沿海运输基础设施与服务水平的持续改善。

2011年3月,欧盟出台的最新交通政策白皮书《通往欧盟统一交通系统之路——建立更有竞争力、能源使用效率更高的交通系统》中指出,在2050年前进一步促进可持续运输方式的发展,温室气体排放较1990年降低60%。白皮书还主张让铁路承担更多的运输量,要求提高多式联运运输链的服务水平,在中长距离货运方面提高铁路运输市场份额等。白皮书要求,在2020年之前,建立欧盟多式联运的管理和支付信息系统的框架体系;在2030年之前,要求有30%的公路货运转移到铁路和水路货运方式,在2050年之前要达到50%;同时不断完善各种运输方式的外部成本内部化的定价和收费机制[87]。2011年的交通白皮书为欧盟多式联运的发展提供了新的指导方针,势必会导致更多的多式联运优惠政策出台。在这些交通白皮书的指引下，欧盟交通委员会及各成员国政府不断出台政策，促进多式联运的持续发展。

（二）物流运输行动计划

2007年，欧盟为了促进多式联运的发展，同时从物流的角度提高欧洲运输系统的效率，出台了《物流运输行动计划》，这是一个中短期的行动计划，其中与多式联运相关的主要有电子货运和智能交通系统（ITS）、物流运输的可持续发展与效率两大方面。

在电子货运和智能交通系统方面，物流运输行动计划提出网络货物和电子货物的概念，并强调智能交通系统对交通运营的促进作用。物流运输行动计划要求尽快找出发展电子货运和智能交通系统在物流运输方面的瓶颈，使网络货物的发展标准化，在2009年前完成智能交通系统应用于物流运输的发展框架，包括监控危险货物和牲畜运输、追踪定位和数据地图等；在2009年前完成标准化描述货运信息数据集合的指令授权工作，如无线射频识别技术（RFID）；在2010年前建立物流运输信息流的标准，确保各种交通方式信息资料的集中和互操作，提供一个开放的、稳健的信息平台，保证用户与管理者，以及管理者之间的数据流通与共享。在物流运输的可持续发展和效率方面，物流运输行动计划要求建立一个综合性的指标体系，量度和考核物流运输链的绩效（如可持续性和效率等），通过这个指标体系促进货运向更加环保的运输方式转移；建立一套综合性评价多式联运枢纽的衡量标准，评价多式联运枢纽的绩效情况等。物流运输行动计划确定了欧洲在物流运输方面促进多式联运发展的工作方向，特别表现出对多式联运信息化的重视。

（三）成员国之间建立联合运输通用准则指令

欧盟在1992年出台《成员国之间建立联合运输通用准则指令》，并在2006年对其进行修订。指令定义了联合运输的标准含义，对联合运输的公路段、主运输段和运输环节均做出详细规定，如必须使用铁路或水路运输超过100公里；多式联运货物必须由距货物OD点最近的铁路车站装卸；使用水路运输时，公路运输距离必须低于150公里等。

指令重点要求成员国采取政策措施支持联合运输发展，为符合"联合运输"定义的始末端公路运输提供税收优惠和资金补贴，放宽从事联合运输的标准,鼓励公路卡车为多式联运进行接驳运输。例如,在一国取得从事跨国营运资格的承运人有权利使用联合运输的方式进行货物运输;当货车从事联合运输时,成员国对消费税、车辆税、道路税、重型车辆税、特殊车辆税等税项应该有所减免或按照一定的标准补偿;从事联合运输中始末端运输的公路货运车辆要免除强制关税管制;从事联合运输的拖车和半拖车也可以享受同样的免税待遇。对始末端公路运输的免税和补助由车辆注册国实施,而免税和补助的标准可以根据货物在本国铁路或水路上的运输距离制定,当然也可以考虑全程的铁路或水路运输距离。原来的多式联运政策大多是为了提高多式联运的运营效率和服务水平,而这一指令开始转向为多式联运使用者提供更加直接的政策支持和税收优惠,减少使用者成本,吸引更多的中长距离货物运输转向多式联运。

(四)马可波罗计划

马可波罗计划是欧盟为了调整货运结构,治理交通拥堵,促进多式联运发展而采取的货运补助政策,在 2003 年开始实施。马可波罗计划主要是通过促进货运向更环保的运输方式转移,以抑制公路货运带来的交通拥堵,并改善交通系统的环境效益。具体的资助范围分为以下 5 类:

(1)货运从公路转移到铁路或水路运输方式。

(2)促进货运从公路转移到铁路或水路运输的行动。

(3)主要港口间的海上高速公路项目。

(4)避免货运发生的项目。

(5)关于运输方式转移知识学习的项目[88]。

虽然马可波罗计划可以资助以上 5 类项目,但实际上大量资助用于运输方式的转移项目(直接补贴多式联运使用者的项目),如 2010 年马可波罗计划共资助 32 个项目,其中 26 个属于运输方式转移的项目,19 个项目资助用于铁路。2010 年马可波罗计划资助项目分类情况如图 10-1 所示。

马可波罗计划的资助采用直接补贴的形式,每年的资助预算约为 6000 万欧元,旨在每年转移约 200 亿吨公里的公路货运量。马可波罗计划对 5 个类别项目的补助标准和条件都有严格的规定,只有符合一定条件的项目才能获得规定比例的补贴,而资助数额的确定主要是基于运输方式转移后所避免的卡车公里数,具体的补贴比率有基于吨公里、立方米公里、卡车公里等的几种形式。资助的时限一般为 3～5 年,当项目能够自负盈亏时将停止资助,而资助的上限一般不超过运输成本的 35％。

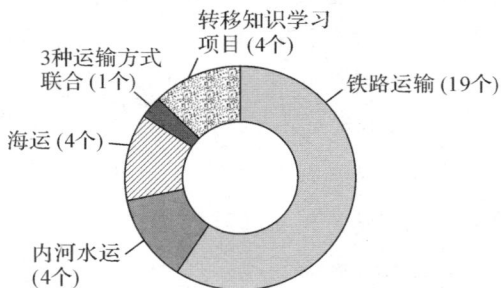

图10-1　2010 年马可波罗计划资助项目分类情况

为了促进公路运输向铁路及内河转移,欧盟主要国家均针对公路运输制定了一些引导性政策。以德国为例,在货车载重方面,德国政府规定从事一般货运的卡车总重不能超过 40 吨,其单车载货量最多 25 吨,而从事多式联运的卡车总重放宽至 44 吨,其单车载货量可以达到 29 吨。在货车行驶时间方面,德国政府规定周末除运输鲜活农副产品的货车外,其他 7.5 吨以上货车都不可以在高速公路上行驶,从而限制了卡车在周末使用公路进行中长距离运输。在驾驶员驾驶时间方面,德国政府规定每名驾驶员每天的驾驶时间不能超过 9 小时,每周不能超过 45 小时,也在一定程度上限制了卡车使用高速公路进行长距离运输,即在单纯使用高速公路进行长距离货运的情况下,物流公司的人员成本会有较大幅度的提高。在卡车的税费方面,德国政府规定专门服务于多式联运的卡车免交年度的公路使用税(每车税费约为 1500 欧元/年)。法国 2007 年经欧盟批准后,对港口集装箱海铁联运进行资金补贴,平均约 12 法郎/箱,但最高不能超过内陆运输成本的 30％,同时巴黎港务局对开展多式联运业务的公司给予集装箱堆存租金优惠。

马可波罗计划的实施对促进欧盟的运输方式转移效果显著,截至 2010 年年底,已经资助了 150 多个项目,其中 83％属于运输方式转移项目。马可波罗计划肯定了铁路和水路运输方式的环境效益,是欧盟促进多式联运发展的最直接有效的举措。

二、美国多式联运政策变迁

美国在 20 世纪 60 年代迎来了集装箱运输时代。70 年代以来,随着政府一系列推进政策的实施,美国迎来了集装箱运输的第二次革命——集装箱多式联运的快速发展。在此期间,为推动集装箱多式联运快速发展,美国政府层面所安排的相关制度和扶持政策主要有以下四个方面。

（一）放松运输管制,打破制约瓶颈

从 80 年代开始,美国国会和联邦政府通过了一系列法案,包括《斯泰格斯铁路法》《协议费率法》《机场和航路改善法》《汽车承运人规章制度改革和现代化法案》和《卡车运输行业规章制度改革法案》等,鼓励集装箱多式联运发展。通过法律与制度改革,减少国家对运输业的控制和约束,推动运输业更接近于自由市场的体系,为充分发挥集装箱多式联运和综合物流的整体效应、实现供应链一体化提供了广阔的发展空间。放松管制使集装箱班轮公司建立起各自的联运路线,并且提供单一提单及单一费率,从而使承运人和货主双方都得益于联运协作和经营效益的改善,亦使得集装箱海铁联运在此期间得到了广泛认可和迅速发展[89]。

（二）法律引导并构建全新的管理机构

美国政府在集装箱运输和多式联运系统建设中扮演了极其重要的角色。由于深刻意识到集装箱多式联运在社会进步、经济发展、环境保护方面所蕴含的巨大效益,鼓励、支持和推动发展国家多式联运系统是美国政府的重要政策方向,美国运输部把建立专业化的国家多式联运运输系统作为其主要任务,并针对多式联运成立了专门的管理机构。例如,1991年美国从《多式联运和运输效率法》中引入了多式联运的相关政策。在该法案中,为了推进国际多式联运,设立国家多式联运委员会,由该委员会向国会提出有关立法建议,并为联邦多式联运政策的制定与推行开展研究和调查工作。国家多式联运委员会由 11 名成员组成,其成员中 3 人由总统任命,另由众议院议长、众议院少数党领袖、参议院多数党领袖、参议院少数党领袖各任命 2 人。法案还要求在联邦交通部内设立由联邦的高速公路局、航空管理局、海事管理局、铁路管理局以及运输管理局等多个交通管理部门共同组成的多式联运顾问委员会（intermodal transportation advisory board）和多式联运办公室,由顾问委员会向联邦交通部提供提高多式联运效率的建议,办公室制定和执行联邦的多式联运政策。

（三）政府对基础设施建设提供资金支持

为了完善多式联运运输体系,美国联邦政府除了对推进国际多式联运政策的州、地方自治体的项目（例如对 206 个铁路货站、250 个港口和码头、98 个机场的交通道路的建设）进行补助外,还按照 1994 年生效的《北美自由贸易协定》,负责建设必需的国际多式联运基础设施和信息系统。这些项目包括一些仅靠州、地方自治体很难单独建设完成的项目。例如,美国的铁路企业是民营的,原来一直没有得到联邦政府的援助,但 2002 年正式启用的阿拉米达海铁联运通道就是由联邦政府与民营企业合作建设的。在港口、机场和货运站等集中的城市,为了满足增长的运输需求,缓解交通的拥堵,只能减少卡车运输。与新建和扩建道路相比,建设铁路是有比较优势的。因此,联邦政府的补助对象开始从道路信托基金（汽油税等）向国际多式联运基础设施转移。

（四）鼓励运输代理制的发展

运输代理制是美国集装箱多式联运发展的又一重要制度安排。专业运输代理往往充当多式联运经营人,对托运人签订一个运输合同,统一组织全程运输,一次托运,一单到底,一次收费,统一理赔,全程负责。该模式的应用不仅简化了货主的办理手续,促进了集装箱多式联运市场的繁荣,也有利于从组织和制度创新上优化运输资源配置。

第二节　宁波海铁联运政策变迁

宁波市自 2009 年启动港口集装箱海铁联运发展战略以来,先后于 2009 年、2012 年出台海铁联运扶持政策。2009 年,宁波市出台了《关于加快宁波港海铁联运发展若干扶持政策的意见》（简称《意见》）。2012 年,根据交通运输部、铁道部《关于开展集装箱铁水联运示范项目的通知》精神,宁波市为深入贯彻落实市委、市政府关于加快打造国际强港的战略部署,进一步壮大宁波港海铁联运市场,拓展港口内陆腹地,加快发展港口物流产业,对《意见》进行了调整修订。

2012 年，在 2009 年版的《意见》的基础上，做了一些优化调整，尤其对远距离运输予以政策倾斜，提高了"五定班列"资助化比例，并对新开通的浙江省外"五定班列"给予财政奖励。

（一）扶持对象

2009 年与 2012 年的政策均对从事宁波市集装箱海铁联运的实际经营人和承担宁波铁路港站（宁波港专用铁路）与各中转码头之间海铁中转集装箱驳运的集装箱运输公司实施补贴政策。2009 年的政策包括对散杂货海铁中转的实际经营人进行补贴，2012 年取消了该项补贴，如表 10-1 所示。

表 10-1　扶持对象

2009 年	2012 年
（1）从事宁波港集装箱海铁联运或散杂货海铁中转的实际经营人。 （2）承担宁波港铁路港站与各中转码头之间海铁中转集装箱驳运的集装箱运输公司。	（1）从事宁波港集装箱海铁联运的实际经营人。 （2）承担宁波港铁路港站与各中转码头之间海铁中转集装箱驳运的集装箱运输公司。

（二）资格条件

2009 年与 2012 年的《意见》均对海铁联运相关企业规定，注册资金须达 500 万元人民币及以上，具有独立法人资格，有固定办公场所、组织机构和相关管理人员。但扶持对象的年度实际完成经宁波市海铁中转的海铁联运集装箱数量标准从 2009 年的 300TEU，修改为 2012 年的 500TEU。

对驳运服务的相关企业，各年度的扶持对象资格条件没有变化，均规定需在宁波市登记注册，注册资金在 5000 万元人民币及以上，如表 10-2 所示。

表 10-2　扶持对象资格条件

	2009 年	2012 年
海铁联运相关企业	(1)按有关规定注册登记,注册资金达到 500 万元人民币及以上。 (2)具有独立法人资格,有固定的办公场所、组织机构和相关管理人员。 (3)年度实际完成经宁波港海铁中转的海铁联运集装箱重箱数量超过 300TEU。	(1)按有关规定注册登记,注册资金达到 500 万元人民币及以上。 (2)具有独立法人资格,有固定的办公场所、组织机构和相关管理人员。 (3)年度实际完成经宁波港海铁中转的海铁联运集装箱重箱数量超过 500TEU。
驳运服务相关企业	(1)按有关规定在宁波市登记注册,注册资金在 5000 万元人民币及以上。 (2)与宁波港铁路港站签订驳运协议,从事宁波港铁路港站与各码头之间的集装箱驳运业务。	(1)按有关规定在宁波市登记注册,注册资金在 5000 万元人民币及以上。 (2)与宁波港铁路港站签订驳运协议,从事宁波港铁路港站与各码头之间的集装箱驳运业务。

（三）扶持内容

资助标准由省内省外的划分修改为按照铁路运输里程划分,细化了资助对象。

（1）海铁联运企业的资助标准。①2009 年将线路补贴金额按照省内与省外划分:省内 300 元/TEU,省外 500 元/TEU;2012 年则按照铁路里程划分:400 公里以内 200 元/TEU,400 公里（含）至 1000 公里 500 元/TEU,1000 公里（含）至 2000 公里 600 元/TEU,2000 公里（含）以上 800 元/TEU;②新开通的线路,2009 年为三年全额扶持,而 2012 年扶持力度逐年降低 25％;③2012 年新增对省外"五定班列"且经营三年以上（到达或发送重箱 5000TEU/年以上）一次性给予 100 万元的奖励;④2009 年版的《意见》对网上交易进行了鼓励,其中规定,海铁联运业务,通过宁波第四方物流市场进行网上交易和结算的,在原有资助标准基础上上浮 10％,2012 年则取消了该内容。

（2）对驳运企业的扶持。2009 年与 2012 年均按 50 元/TEU 标准给予资助,但 2009 年规定三年累计资助最高限额为 500 万元,2012 年则没有最高补贴金额限制。

（3）对散杂货企业的扶持。2009 年规定,以上年铁路运量为基数,年度新增运量部分按每吨 1 元给予补助，2012 年则取消了对散杂货企业的扶持。

各扶持标准如表 10-3 所示。

表 10-3　扶持标准

	2009 年	2012 年
海铁联运企业及驳运企业税收支持	第 1 年至第 2 年内实现的营业税、利润总额形成的地方财力部分，可按 100％补贴给企业，第 3 年至第 5 年减按 50％补贴，所需补贴资金由企业注册地县（市）区财政负担。	实现的营业额、利润总额形成的地方财力部分，第 1 年至第 2 年内可按 100％补贴给企业，第 3 年至第 5 年可按 50％补贴给企业，所需补贴资金由企业注册地县（市）区财政负担。
海铁联运企业资助标准	(1) 新开通省外：资助期 3 年，每标准箱资助标准为 500 元，3 年累计最高为 1000 万元。 (2) 新开通省内：资助期 3 年，每标准箱资助标准为 300 元，3 年累计最高为 800 万元。 (3) 省外：第 1 个考核年度每标准箱资助标准为 500 元；第 2 个考核年度每标准箱资助标准为 375 元；第 3 个考核年度每标准箱资助标准为 250 元；3 年累计资助最高限额为 600 万元。 (4) 省内：第 1 个考核年度每标准箱资助 300 元；第 2 个考核年度每标准箱资助 225 元；第 3 个考核年度每标准箱资助 150 元；3 年累计资助最高限额为 400 万元。 (5) 以上海铁联运业务，通过宁波第四方物流市场进行网上交易和结算的，在原有资助标准基础上上浮 10％。	400 公里以内每标准箱 200 元；400 公里（含）至 1000 公里 500 元；1000 公里（含）至 2000 公里 600 元；2000 公里（含）以上 800 元。 (1) 新开通：第 1 年全额资助；第 2 年为第 1 年的 75％；第 3 年为第 1 年的 50％；3 年最高限额为：400 公里内每条"五定班列"1000 万元，400 公里及以上每条"五定班列"1800 万元。每年资助额度控制在最高限额的 1/3 以内。 省外"五定班列"且经营 3 年以上（到达或发送重箱 5000TEU/年以上）一次性给予 100 万元的奖励。 (2) 已有海铁联运企业：第 1 年全额资助；第 2 年为第 1 年的 75％；第 3 年为第 1 年的 50％；3 年累计资助最高限额为 500 万元。
驳运企业资助标准	按 50 元/TEU 标准给予资助。3 年累计资助最高限额为 500 万元。	按 50 元/TEU 标准给予资助。
散杂货海铁中转企业资助标准	以上年铁路运量为基数，年度新增运量部分按每吨 1 元给予补助。	无

续表

	2009 年	2012 年
其他	(1)支持和鼓励码头公司、货代企业特别是国际班轮公司作为经营主体参与海铁联运业务。 (2)大力提高港口服务水平,努力降低码头经营管理成本,不断提升竞争优势。码头公司应根据周边市场变化和竞争情况,向客户提供优惠费率,为客户创造更大的价值。物价部门要加强对港口收费情况的监督检查,取消不合理收费项目。	(1)支持和鼓励码头公司、货代企业特别是国际班轮公司作为经营主体参与海铁联运业务。 (2)大力提高港口服务水平,努力降低码头经营管理成本,不断提升竞争优势。码头公司应根据周边市场变化和竞争情况,向客户提供优惠费率,为客户创造更大的价值。物价部门要加强对港口收费情况的监督检查,取消不合理收费项目。

第三节　宁波海铁联运政策实施情况

宁波市按照"巩固省内、深耕江西、开发三北"方针,积极推进海铁联运,浙赣铁路沿线海铁联运取得了重大突破。其中,上饶—宁波"五定班列"延伸至鹰潭,并被原铁道部列为全国"百千快捷班列"。

一、分年度补助资金落实情况

根据《意见》,2009 年至 2013 年的五年内,宁波市共计补贴资金4385.425 万元,年均发放补贴 877.085 万元。虽然 2012 年取消了对散杂货海铁中转企业的补贴,但由于海铁联运发展迅速,补贴金额上涨迅速,2013年达到 1367.09 万元。各年度的补助企业数目及金额如表 10-4 所示。

表 10-4　各年度补助企业数目及金额

年度	补助企业数目(家)	补助金额(万元)
2009 年	6	411.15
2010 年	11	846.95
2011 年	7	1013.96
2012 年	5	746.28
2013 年	6	1367.09

二、分企业补助资金落实情况

2009 年至 2013 年获得补助的三类企业，分别为集装箱海铁联运企业、集装箱海铁联运驳运企业和散杂货海铁中转企业。其中，集装箱海铁联运企业累计补助 3228.065 万元，占总补贴的 73.61%；驳运企业累计补助 420.43 万元，占总补贴的 9.59%；散杂货海铁中转企业累计补助 736.93 万元，占总补贴的 16.8%。除 2012 年补贴金额小幅下滑外，由于海铁联运运量的迅猛增长，各类企业的补贴金额均呈上涨趋势。具体各类企业的年度补助情况如表 10-5、表 10-6、表 10-7 及图 10-2 所示。

表 10-5　集装箱海铁联运企业各年度补贴情况

（单位：万元）

企业名称	2009 年	2010 年	2011 年	2012 年	2013 年	合计
宁波港东南物流有限公司	23.88	48.66	62.35	84.10	29.08	248.07
宁波港集装箱运输有限公司	6.16	52.13	371.87	413.03	619.32	1462.51
中铁多式联运上海分公司	—	415.92	336.15	—	41.41	793.48
浙江铁达物流有限公司	—	—	63.96	113.36	229.20	406.52
宁波兴通物流有限公司	—	—	—	52.97	264.53	317.50
合计	30.04	516.71	834.33	663.46	1183.54	3228.08

表 10-6　集装箱海铁联运驳运企业各年度补贴情况

（单位：万元）

企业名称	2009 年	2010 年	2011 年	2012 年	2013 年	合计
宁波港集装箱运输有限公司	2.71	48.95	102.39	82.82	183.57	420.44

表 10-7　散杂货海铁中转企业各年度补贴情况

（单位：万元）

企业名称	2009 年	2010 年	2011 年	合计
浙江浙能富兴燃料有限公司	38.20	86.00	67.59	191.79
衢州元立金属制品有限公司	239.20	—	—	239.20

续表

企业名称	2009 年	2010 年	2011 年	合计
新余钢铁股份有限公司	101.00	110.70	—	211.70
杭州钢铁股份有限公司	—	38.00	9.65	47.65
宁波敬业燃料有限公司	—	3.88	—	3.88
宁波萍钢贸易有限公司	—	11.30	—	11.30
方大特钢科技股份有限公司	—	6.70	—	6.70
江西鑫镍鑫材料股份有限公司	—	24.71	—	24.71
合计	378.40	281.29	77.24	736.93

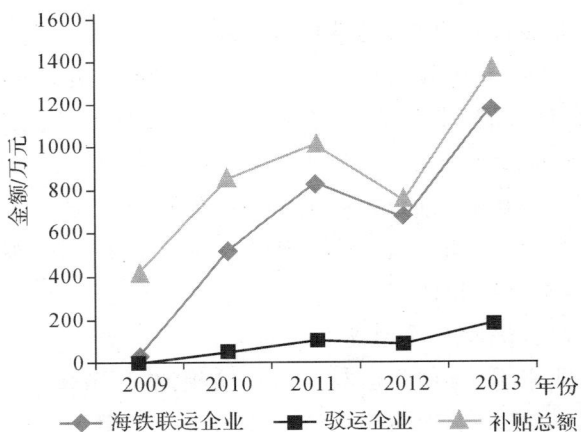

图 10-2 各类企业获得资助情况

为了发展海铁联运,在宁波海铁联运扶持政策的带动下,港口腹地城市也陆续推出集装箱海铁联运扶持政策。浙江省内如台州市 2011 年出台了扶持政策,对从货运南站出发的集装箱,每标准箱补助为 300 元;省外如湖北省襄阳市为降低企业物流成本,对从襄阳至宁波通过铁路运输出口的符合条件的集装箱货物,按照每标准箱 300 元给予补贴。此外,衢州、义乌等地已经或将陆续推出相应的海铁联运扶持政策。

第四节 宁波海铁联运政策效果评估

一、效益评价

宁波海铁联运扶持政策有效地推动了宁波海铁联运的发展,提高了地区运输服务水平,促进了宁波及其腹地区域的发展,增强了宁波港的竞争力。

（一）经济效益

1. 提升了宁波港的腹地竞争力

中国港口是腹地型港口,各港口目标腹地交叉,同一地区往往成为多个港口的经济腹地,竞争较为激烈。宁波港的腹地主要是长江流域"七省二市"(上海市、江苏省、浙江省、安徽省、江西省、湖南省、湖北省、四川省和重庆市)组成的长江经济带,其中长江三角区为直接腹地,其他区域为公共区域。海铁联运的发展,拓展了宁波港的竞争腹地。目前,除了省内的台州、义乌、金华、衢州等地,宁波港的腹地已经拓展到新疆、重庆、成都、武汉等中西部城市和地区。

2. 带动关联区域和产业的发展

从运输方式来看,海铁联运与江海运输相比,环节多、潜力大,对临港贸易的支撑和仓储、集卡运输等物流产业的带动作用强;从海铁联运项目的外在性来看,其带动的就业和关联产业的外在社会经济效益,要远大于项目本身的经济效益。经过几年的发展,海铁联运带动了宁波港国际物流有限公司、浙江铁达物流有限公司、宁波港铁路有限公司等大批企业的发展。

3. 降低了企业物流成本,节省了运输时间

海铁联运扶持政策的实施,使一部分的集装箱从公路运输转移到铁路运输上来,在提升运量水平的同时,进一步降低了整体运输成本。同时,由于铁路运输自身的技术特性,在合理运输范围内,与公路、水路相比,海铁联运能压缩运输耗时,产生运输时间节约效益,也更加符合集装箱运输时效性高的要求,直接提高了货主企业的经济效益。根据前面海

铁联运与公水联运的临界运距计算可知，每4元补贴相当于缩短1公里的海铁联运运距。如上饶—宁波海铁联运"五定班列"开通后，上饶的货物到港比以往传统铁路运输缩短了13个小时，降低费用25％。以晶科能源有限公司为例，使用海铁联运后，运输方式由原经公路运输从上海出口转为走上饶—宁波"五定班列"。从2010年9月24日至2014年2月底，该企业共降低物流成本约2052万元。

（二）生态效益

1. 降低公路拥堵程度，优化综合运输结构

随着国民经济的快速发展，我国面临的资源和环境压力不断增大。从运输距离来看，公路运输的合理经济运距大约在300公里以内。然而，目前我国沿海港口利用公路完成集疏运的实际距离已经远远超过了合理经济运距。2013年，宁波港70％的集装箱通过公路集疏运网络运输，加剧了公路拥堵的同时，尾气、噪声污染等问题也对宁波的城市环境构成了巨大危害，并且随着集装箱集疏运运量的进一步增长，该模式的不可持续性日显突出。2013年，宁波集装箱吞吐量达1677.4万TEU，平均每天逾3.2万TEU通过集卡运输，以每辆集卡长10米计，则头尾衔接达320公里，甚至超过了宁波到金华的公路里程。大力发展海铁联运，提高铁路运输比重，有效缓解了北仑港区和宁波对外主要高速公路的拥堵情况，优化了综合运输结构。

2. 推动行业节能减排，降低生态环境污染

交通运输产生的废气和噪声已成为环境污染的主要来源。全世界由交通运输散入空气的有害气体占大气污染的50％以上。按照完成单位运输周转量造成的环境成本测算，航空和公路运输分别是铁路运输的15.2倍和4.9倍。从降低油耗减少排放来看，每标准箱每公里铁路方式的油耗是公路方式的40％，可减少CO_2排放约0.4千克。2009年至2013年集装箱海铁联运共完成24.09万TEU，如果平均运距按500公里计算，已节约燃油（柴油）1807万升，折合22377吨标准煤，减少CO_2排放约48180吨。发展海铁联运，以铁路这种绿色运输方式为主，符合国家科学发展、节能环保、优化资源配置的战略需求。

3. 节约土地资源

现阶段，土地资源不足和环境污染已成为制约区域社会经济发展的

重要因素。有资料表明,单线铁路与二车道公路、双线铁路与四车道公路相比,铁路占用土地仅为公路的1/2;完成单位运输量所占的土地面积,铁路仅为公路的1/10左右。以大榭、穿山港区铁路为例,其建设规模为40.1公里,用地规模为180公顷,相比于建设同等规模的高速公路,可以节约土地180公顷;相比于建设完成相同运输量的公路,可以节约土地1620公顷。由此可见,在有效利用土地资源方面,铁路具有明显优势。

(三)社会效益

1.提升了宁波港的国际地位

在海铁联运扶持政策的支持下,宁波港规模持续增长,绿色环保的国际港口形象明显提升。2013年,宁波港年货物吞吐量完成4.96亿吨,同比增长9.5%,继续位列中国港口第三位、世界前四位;集装箱吞吐量完成1677.4万TEU,同比增长7%,箱量排名保持大陆港口第三位、世界港口前六位。2015年,宁波港完成集装箱吞吐量超过2000万TEU,位列世界港口第五位。

2.促进了腹地城市对外贸易的增长

海铁联运扶持政策为宁波港的腹地城市增加了性价比较高的物流通道,增强了腹地城市的招商引资和对周边地区集聚与辐射能力,提升了城市在区域内的地位和发展优势。如上饶—宁波海铁联运"五定班列"的成功运行,使上饶的横贯东西、对接长三角的快速出海新通道贯通,为全市乃至江西开拓国际大市场、发展外向型经济提供了有力支撑。2013年,上饶外贸累计实现进出口总值31.8亿美元,同比增长17.6%。2014年一季度,外贸又实现进出口总值7亿美元,其中进口增速位居江西省第一。由于海铁联运带来了巨大的溢出经济优势,各腹地城市如台州、襄阳、南昌等地相继出台了相关扶持政策,以继续发展海铁联运。

3.提高运输安全,降低事故发生率

据各国在交通死亡事故方面的统计,每10亿人公里死亡人数,法国铁路为0.18人、航空为0.26人、公路为16人;美国铁路为0.4人、私人轿车为7人。我国货运事故率铁路为0.00004、公路为0.00210～0.00105,铁路与公路的事故次数比为1:246、事故损失比为1:44.48,铁路在安全运行和事故损失上占绝对优势。

二、存在的不足

《意见》的实施,对宁波海铁联运的发展产生了积极作用:培育了宁波港国际物流有限公司、宁波港铁路有限公司、浙江铁达物流有限公司、宁波兴通物流有限公司、宁波港铃与物流有限公司、宁波港东南物流有限公司等一大批物流经营主体,且相关运营单位逐步发展壮大;降低了企业开展海铁联运业务的成本,使海铁联运有了一定的竞争优势;提高了宁波港口的竞争力,有利于吸引南昌、武汉、合肥等地的外贸集装箱到宁波中转。但从宁波海铁联运发展的形势及需求看,对海铁联运的扶持需要进一步修改完善。

（一）扶持对象方面

1.缺乏对海铁联运公共服务平台的扶持

开放高效的运营模式是建设合作共赢市场机制的重要载体,是提高海铁联运系统协同性的有效途径。目前,海铁联运发展迅速,但货代企业参与度比较低,规模较小,揽货能力一般,主要是由于海铁联运进入困难、价格不透明等因素。建立海铁联运公共服务平台,实行统一透明的价格机制,吸引更多货代企业参与海铁联运揽货业务,对进一步发展海铁联运,扩大海铁联运的影响具有重要作用。

2.海铁联运相关部门政策上的支持有待加强

（1）海关和国检方面。标准的海铁联运只需"一次申报、一次查验、一次放行"就可完成整个运输过程,这也是宁波海铁联运发展的方向。该模式的实现,海关和国检部门的支持尤为重要,甚至可以说是海铁联运业务能否取得拓展的关键。目前,虽然宁波港已经组织铁路、港口、海关、国检等部门与腹地城市对口部门签署合作协议,在改善通关环境方面取得了很大进展,但部分货主和客户仍认为不如上海港,如一些货主反映的通转关时间较长、效率较低致使产生高额费用,如江西鹰潭2013年384个集装箱就由于通关时间太长而产生了70多万元滞箱费;2013年上半年鹰潭的废金属等进口固体废物,原来走宁波港,现已全部改走上海、九江等港口,主要原因是宁波海关允许全部进行转关,但宁波国检仅允许其中的第七类固体废物转检（由属地负责）,而第六类固体废物虽能转关却不能转检,导致货源流失。堆场收费较高,海关、国检重复检验等问题,使部分客户选择不走宁波港。

（2）铁路方面。一方面，铁路运价收费不合理。铁路目前实行的"一口价"虽深受欢迎，但变动频繁，成本逐渐增加，降低了海铁联运的竞争力，如江西上饶到宁波的海铁联运价格，由于近几年铁路货运四次提价，一个标准箱的运价提高了384.4元；未能实行"门到门"运输，货主在支付铁路一口价的同时还得支付站到门的短驳费用；铁路对重质箱和轻质箱费率计算按箱体标重，没有按实际货重，从而提高了客户成本；内地货物回空率较高，箱体周转时间较长，既增加箱体的回空费用，又增加箱的使用成本，致使与公路相比，海铁联运在总成本上处于劣势。另一方面，铁路运力不足、铁路车皮紧张、内陆铁路站吊机设备陈旧、作业效率较低、堆场作业能力不足等，影响海铁联运发展。

3．吸引海铁联运经营主体的机制不够健全

海铁联运涉及的各方较多，船公司、码头和铁路都是参与海铁联运的重要力量，但在实际运作中难以有效整合，参与积极性有待提高。以船公司为例，其在内地铁路集装箱办理站或"无水港"设置的集装箱提还箱点及免费用箱期限等尚不能满足海铁联运发展需求。船公司对海铁联运及无水港业务的支持力度有待进一步加强，特别是空箱调运、用箱期、内陆提还箱点设立等方面需要船公司更大的支持。

（二）资格条件方面

注册资金的高要求限制了中小企业的发展。扶持政策的主要目的是推动海铁联运的发展，海铁联运的正常发展需要市场的带动，这就要求公平、合理的市场竞争环境。中小企业的存在是经济发展的内在要求和必然结果，是保证正常合理的价格的形成、维护市场竞争活力、确保经济运行稳定、保障充分就业的前提和条件。无论在高度发达的市场经济国家还是发展中国家，中小企业已经是国民经济的支柱，加快中小企业发展，可以为国民经济持续稳定增长奠定坚实的基础。因此，在制定扶持政策时，应考虑对中小企业进行适当扶持。如2009年至2013年为宁波港铁路港站与各码头之间提供集装箱驳运服务的申请补贴的企业只有宁波港集装箱运输有限公司一家企业，而从事该项目的其他企业无法享受同一政策优惠。此外，目前企业的注册资金采用认缴登记制，可能不利于界定企业规模及经营状况，因此，采取注册资金实缴金额限制更符合发展要求。

（三）扶持内容方面

1.班列资助总额较少,影响企业利润及积极性

宁波海铁联运尚处于发展阶段,虽然近几年增长速度迅猛,但总量不大,企业维持海铁联运业务成本相对较高,为了维持已有货源以及开发新货源,一般处在亏损状态。由于没有达到足够的海铁联运运量,随着海铁联运运量的增大,企业亏损越来越严重。若班列资助总额达不到平衡运量损失的要求,则会大大影响企业的资金链,降低其参与海铁联运的积极性。

2.资金发放不及时使企业成本增加,资金运转困难

资金是企业运转的燃料和驱动力,是企业生产、经营等一系列经济活动中最基本的要素,充足的资金是企业经营活动顺利进行的保障之一,在其中起着根本性作用。目前,海铁联运箱量采取每年一考核、每年一补贴的形式,由于资金量较大、发放不及时,造成了企业资金周转困难。由于目前海铁联运项目尚处于起步阶段,存在需求量不大、费用较高的劣势,需要较大的资金投入。若这些资金能够及时注入,则能提高公司资金周转状况,进一步提升企业活力。

3.扶持力度不大,无法满足未来海铁联运发展要求

近几年宁波港海铁联运业务发展较快,参与海铁联运的企业业务量有所上升,但目前还处在"减亏增效"阶段,企业在业务量做大的同时也面临亏损金额增加的问题。从2013年宁波海铁联运补助情况看,全年海铁联运箱量为10.5万TEU,补助资金为1367.09万元,已经超出宁波港航发展专项资金367.09万元。2014年,完成海铁联运箱量13万TEU,补助资金已经超出2000万元。目前,宁波市财政每年安排1000万元的宁波港航发展专项资金用于发展宁波港海铁联运,但已不能满足未来海铁联运发展的需要,为了进一步发展海铁联运,应增加财政支持力度。

4.扶持资金逐年递减幅度过大,影响企业参与海铁联运积极性

虽然近几年宁波海铁联运运量增长速度迅猛,但总量不多,尚处于发展阶段。企业维持海铁联运业务成本相对较高,为了维持已有货源以及开发新货源,海铁联运企业一般处在亏损状态。现阶段,由于海铁联运运量尚未达到企业的盈亏平衡点,而扶持资金逐年递减幅度过大,大大影响了企业的资金链,降低了其参与海铁联运的积极性。

5.政府资金扶持应考虑退出机制

一方面,政府的资金扶持政策只是短期行为,对政府财政会产生一定压力,不能成为长久之计,必须找到合适的时机退出海铁联运的舞台;另一方面,政府的资金扶持目的是建立规律的市场机制,引导规范市场的形成。参与主体的优胜劣汰需要根据市场规律自行发展,市场成熟之日,也即扶持政策退出之时。在制定扶持政策时,应遵循市场规律,制定合理的退出机制。

参考文献

[1] 经济全球化发展趋势与对策[EB/OL]. (2014-06-19)[2014-06-25]. http://www.studa.net/guoji/080619/10155498.html.

[2] 许姣丽.东亚地区对美国经济依赖特点及原因分析[J].发展研究,2014(1):30-35.

[3] 孙家庆,张赫,程显胜.集装箱多式联运[M].北京:中国人民大学出版社,2010:9-13.

[4] 闫广伟.国际多式联运的应用及在我国的发展研究[D].天津:天津财经大学,2010.

[5] 索沪生.美国海铁联运发展经验对我国的借鉴意义[J].集装箱化,2013(6):1-5.

[6] 潘建.想方设法:有效突破地理图像难点[J].地理教育,2011(2):112-113.

[7] 刘洁.亚欧大陆桥物流通道发展理论和实证研究[D].北京:北京交通大学,2012.

[8] 舍妮亚.新亚欧大陆桥集装箱多式联运影响因素研究[D].大连:大连海事大学,2011.

[9] 8条中欧货运班列领跑"一带一路"[EB/OL]. (2015-04-20)[2015-04-25]. http://blog.sina.com.cn/s/blog_517eed9f0102vkoi.html.

［10］阿拉山口口岸［EB/OL］.（2011-01-20）［2011-02-01］. http://www. bzalashan. 47365. com.

［11］李纳新. 阿拉山口口岸经济发展研究［D］. 乌鲁木齐：新疆农业大学,2011.

［12］霍尔果斯口岸［EB/OL］.（2013-06-10）［2015-10-03］. http://baike. haosou. com/doc/5616145-5828758. html.

［13］满洲里口岸［EB/OL］.（2013-06-16）［2014-04-21］. http://baike. haosou. com/doc/6021707-6234704. html.

［14］汉堡港［EB/OL］.（2015-12-19）［2015-12-25］. http://www. hafen-hamburg. de.

［15］鹿特丹港［EB/OL］.（2015-03-19）［2015-03-25］. http://www. portofrotterdam. com.

［16］韩璐. 首批集装箱铁水联运通道示范项目正式启动［N］. 中国交通报,2011-10-13.

［17］程朝. 大连港集装箱海铁联运网络配流研究［D］. 大连：大连海事大学,2013.

［18］宁波口岸首次实现海铁联运"批量中转"［EB/OL］.（2015-04-02）［2015-04-11］. http://news. cnnb. com. cn/system/2015/04/02/008291942. shtml.

［19］天津港抓机遇加快转型升级　构建海铁联运大通道［EB/OL］.（2015-01-07）［2015-01-12］. http://big5. xinhuanet. comgatebig5/www. tj. xinhuanet. comnews2015-01/07/c_1113912115. htm.

［20］李冰漪. 港口先行,给力多式联运——专访中国港口协会常务副理事长曹忠喜［J］. 中国储运,2011(2):18-21.

［21］潘未末. 打造21世纪海上丝绸之路桥头堡［N］. 深圳特区报,2015-02-12.

［22］王敏. 宁波海铁联运期待升级［N］. 中国水运报,2013-11-04.

［23］贺向阳. 宁波海铁联运比较研究［R］. 宁波市现代物流规划研究院,2009.

［24］张国伍. 交通运输系统分析［M］. 成都：西南交通大学出版社,1991.

［25］李国栋. 福州港海铁联运发展策略研究［J］. 物流科技，2013（12）：120-123.

［26］王慧炯. 发展集装箱多式联运的国际经验及启示［J］. 铁道货运，2005（12）：11-14.

［27］应晓红，龙建辉. 宁波海铁联运发展现状、瓶颈及对策［J］. 宁波大学学报（人文科学版），2014（1）：104-108.

［28］何雪君，郑平，郭洪伟. 新经济形势下的中国集装箱海铁联运需求分析［J］. 价值工程，2012（5）：20-21.

［29］武慧荣，朱晓宁，钱继峰. 集装箱海铁联运系统分析及发展研究［J］. 物流技术，2013（7）：1-4.

［30］我国铁路营业里程突破 11.2 万公里［EB/OL］.（2015-01-29）［2015-01-30］. http：//news. xinhuanet. com/politics/2015-01/29/c_127436479. htm.

［31］铁路集装箱中心站［EB/OL］.（2010-03-10）［2010-03-15］. http：//baike. baidu. com/link？url＝43L9lzChbRjMuEY5 Wbxw-hN cfT-kanCV50UDxlVY-I4GTG-dnMusQVnuJUgkHoTRkvC3　MhsQJUUX-xz8L0Ade1a.

［32］韩刚. 浅析海运集装箱运输额外费用问题及对策［J］. 时代金融，2014（9）：182-183.

［33］吕志方. 对我国无水港发展的现实思考和建议［J］. 水运科学研究，2010（3）：9-13.

［34］万征，陆瑞华. 集装箱船舶大型化对中国班轮运输的影响［J］. 中国航海，2006（4）：96-100.

［35］罗跃华. 集装箱船舶的大型化发展趋势［J］. 水运管理，2011（7）：37-39.

［36］马云嵛. 集装箱配载数据差异对比及配载图校正［D］. 大连：大连海事大学，2012.

［37］罗伟凡. 我国 LPG 集装化物流模式及罐箱调配研究［D］. 大连：大连海事大学，2008.

［38］王卓，齐春丽. 门式起重机常见电器故障及维修保养［J］. 科技传播，2011（11）：55-56.

［39］全球班轮公司运力百强最新排名［J］.珠江水运,2014(17):42.

［40］中铁集装箱运输有限责任公司［EB/OL］.(2013-01-13)［2013-03-28］.http://baike.baidu.com/link? url＝gaABHmOOz2FQ5Wo9ZXtFmy-UQcstzvvbVJ8-N73aVue7u4TB4Pim1o18Sa9TF3ZHQ7zKhkUo7rr5n-l4_ZjDPa.

［41］王堉苓.国际货物运输代理业经营风险及其控制［J］.经济与管理,2011(10):47-49.

［42］江伟杰,张大伟.海关税单无纸化初探［J］.上海海关学院学报,2013(2):44-47.

［43］刘渝阳,袁境.以空港优势推进成都自贸区建设［J］.西南交通大学学报(社会科学版),2014(6):67-72.

［44］孟晶.沈阳铁路局物流信息系统建设研究［J］.产业与科技论坛,2013(4):18-19.

［45］朱荣喜.谈铁路运输中的调度指挥管理系统［J］.数字技术与应用,2013(1):191.

［46］唐俊生.联盟企业物流设备与作业标准化研究［D］.沈阳:沈阳工业大学,2006.

［47］陈大雪.俄启动阔轨联盟　泛亚铁路轨距之争升级［N］.中国高新技术产业导报,2012-12-10.

［48］李作为.现代供应链物流的储运和配送管理［D］.武汉:武汉理工大学,2004.

［49］黎浩东,何世伟,何婷.铁路开展联合货物运输的产品组织形式研究［J］.综合运输,2009(8):70-74.

［50］陆钟武,蔡九菊,杜涛,等.论钢铁行业能耗、物耗、排放的宏观调控［J］.中国工程科学,2015(5):126-132.

［51］李兆磊,吴群琪,张雅琪.基于耗散结构理论的区域物流系统演化机理［J］.长安大学学报(社会科学版),2010,12(4):12-15.

［52］Reis V, Meier J F, Pace G, Palacin R. Rail and multi-modal transport［J］. Research in Transportation Economics,2013,41(1):17-30.

[53] 汪传旭. 交通运输业对国民经济贡献的衡量方法[J]. 中国公路学报,2004,17(1):94-97.

[54] 胡鞍钢,刘生龙. 交通运输、经济增长及溢出效应[J]. 中国工业经济,2009(5):5-14.

[55] 高嵩. 交通运输与社会经济发展之间关系的研究[J]. 公路交通科技,2013(8):274-275.

[56] 蒋慧峰. 交通运输与经济系统协调性评价与预测模型[J]. 系统工程,2014,32(1):133-138.

[57] 周平德. 穗、深、港港口和航空物流对经济增长的作用[J]. 经济地理,2009,29(6):946-951.

[58] 武慧荣,朱晓宁,钱继峰. 集装箱海铁联运系统分析及发展研究[J]. 物流技术,2013(7):1-4.

[59] Acemoglu D. Introduction to modern economic growth [M]. Princeton:Princeton University Press,2008.

[60] Coombe D. Induced traffic:what do transportation models tell us? [J]. Transportation,1996,23(1):83-101.

[61] 贺向阳,吴秋芳. 交通对海洋经济支撑作用研究[J]. 统计与决策,2016(11):137-139.

[62] 贺向阳. 宁波港国际集装箱海铁联运发展战略定位[J]. 集装箱化,2010,21(7):22-25.

[63] 姜军,陆建. 集装箱多式联运系统中各种运输方式最优组合模式研究[J]. 物流技术,2008,27(4):127-129.

[64] 佟璐,聂磊,付慧玲. 多式联运路径优化模型与方法研究[J]. 物流技术,2010,29(3):57-60.

[65] 张燕,王艳鑫,杨华龙. 国际集装箱海铁联运网络中的最优路径选择[J]. 大连海事大学学报,2013,39(4):111-114.

[66] 谢双乐. 海铁联运对港口腹地的影响研究[D]. 成都:西南交通大学,2013.

[67] 魏航,李军,蒲云. 时变网络下多式联运的最短路径问题研究[J]. 系统工程学报,2007,22(2):205-209.

[68] Delling D,Pajor T,Wagner D. Accelerating multi-modal route

planning by access-node[C]. Proceedings of the 17th Annual European Symposium on Algorithms，2009：587-598.

[69] Angelica L，Giovanni S. Shortest viable path algorithm in multimodal networks [J]. Transportation Research Part A Policy & Practice，2001，35(3)：225-241.

[70] 杨家其. 基于模糊综合评判的现代港口腹地划分引力模型[J]. 交通运输工程学报，2002，2(2)：123-126.

[71] 宁波市现代物流规划研究院,铁道部经济规划研究院. 宁波海铁联运综合试验区研究[R].2012.

[72] 杨春梅,万柏坤,高晓峰. 基因聚类分析中数据预处理方式和相似度的选择[J].自然科学进展，2006，16(3)：293-299.

[73] Sherlock G. Analysis of large-scale gene expression data[J]. Curr Opin Immunol,2000，12(2)：201-205.

[74] 时念云,蒋红芬. 基于免疫单亲遗传和模糊 C 均值的聚类算法[J].控制工程，2006，13(2)：158-160.

[75] 高新波,裴继红,谢维新. 模糊 C 均值聚类算法中加权指数 m 的研究[J].电子学报，2000，28(4)：80-83.

[76] Gmbh M. Data engine：overview and user manual[M]. Germany：Hanoverian University，1997.

[77] 魏洪茂. 海铁联运运量预测研究——以福建省港口为例[J].物流技术，2014，33(11)：308-311.

[78] 陈燕琴. 基于灰色理论和 BP 网络的集装箱海铁联运量预测[J].中国水运，2010，10(12)：74-76.

[79] 孙国卿. 海铁联运运量预测与效益研究[D]. 大连：大连海事大学，2010.

[80] 武惠荣,朱晓宁. 基于 SD 的集装箱海铁联运系统发展研究[J].重庆交通大学学报(自然科学版)，2013，32(3)：529-533.

[81] 张戎,闫攀宇. 基于腹地集装箱生成量分配的海铁联运运量预测方法研究[J].铁道学报，2007，29(2)：14-18.

[82] 宁波市现代物流规划研究院,铁道部经济规划研究院. 宁波市海铁联运发展规划研究[R].2013.

［83］王金华. 基于运输合理化的多式联运路径优化［D］. 上海：上海交通大学,2010.

［84］黄君萍. 国际多式联运大陆桥跨境运输通道研究与分析［D］. 上海：同济大学,2008.

［85］贺向阳,汪月娥. 加快宁波海铁联运发展的策略［J］. 综合运输,2010(3)：39-42.

［86］刘彦平. 欧盟交通运输政策及其启示［J］. 亚太经济,2005(5)：12-14.

［87］交通运输部水运科学研究院. 集装箱铁水联运发展研究报告［R］. 2012.

［88］European Committee. White paper on European transport policy for 2010：time to decide［Z］. Luxembourg：Office for Official Publications of the European Communities,2001.

［89］赵陕生. 对铁路货运"五定班列"开行的研究与分析［J］. 铁道货运,2011(4)：32-34.

索　引

后 记

2009年，作者按照宁波市主要领导的批示要求，开展了"宁波海铁联运比较研究"，相关成果被宁波市政府采纳，并报送原铁道部和宁波港集团，应用于宁波集装箱海铁联运的实践工作中。此后，作者每年都持续跟踪研究集装箱海铁联运领域的相关问题，从基础设施、运营线路到组织模式、配套政策等各个方面，逐步由分散、零碎的认识上升到系统、全面的理论。同期，宁波港集装箱海铁联运运量也由2009年起步的1690TEU增长到2015年的17.1万TEU，增长速度位居全国6个示范通道之首。

2014年年底，作者开始酝酿撰写本书，得到了院领导的大力支持。2015年作者着手本书的研究和撰写，历时一年多，终于于2016年2月完成全部草稿。此后不断修改完善，于2016年10月出版。

在本书撰写末期，浙江港口管理体制发生了重大变化，宁波港集团与舟山港集团合并重组为宁波—舟山港集团。同时，2015年宁波市第三次修订发布施行海铁联运扶持政策。相信随着港口资源的整合优化和政策调整，以及铁路运输改革的深入，宁波—舟山港集装箱海铁联运的前景与空间将会更加光明和广阔。

集装箱海铁联运系统是一个动态发展的系统。本书对近期影响系统的因素进行了深入、细致的考察。从长期来看，制约该系统发展的关键因素，还在于运输制度和口岸、贸易制度以及区域货物流向不均衡。其中有两点原因特别重要，一是区域货物流向在时间和空间上的不均衡导致海铁联运空箱调运比例居高不下,双重运输组织困难,运营成本难以有效降低;二是公路运输方式的碳排放等外部性因素并没有通过市场机制内化于道路运价中,铁路运输方式的竞争优势不明显。因此,如何通过制度改革和机制创新来释放集装箱海铁联运系统要素的生产力,是下一步应该深入研究的方向。

在本书修改、校对、出版等过程中,作者得到了宁波市社会科学院、浙江大学出版社和工作单位宁波市现代物流规划研究院的鼎力支持,以及宁波舟山港股份有限公司童孟达总经济师,中国铁路经济规划研究院戴新鎏部长、洪雁部长和梁栋博士,宁波市铁路建设指挥部贾可总工程师,宁波市交通运输委员会孙磊副处长,公安海警学院黄斐博士,我院秦磊博士、唐斐硕士等人的热情帮助,在此表示衷心的感谢。

作　者
2016 年 10 月